I0764489

Нить

Евразийский литературный сборник
Том 4

Лондон
Hertfordshire Ptress
2020

Издательство Hertfordshire Press Ltd © 2020
e-mail: publisher@hertfordshirepress.com
www.hertfordshirepress.com

По заказу Евразийской Творческой Гильдии, Лондон

Евразийский литературный сборник
Том 4

Язык издания: Русский

Составитель: Ольга Митакович
Обложка: Tithi Luadthong (grandfailure)

British Library Catalogue in Publication Data
A catalogue record for this book is available from the British Library
Library of Congress in Publication Data
A catalogue record for this book has been requested

ISBN: 978-1-913356-20-0

СОДЕРЖАНИЕ

Дорогие Друзья!

Вот уже в четвертый раз Евразийская творческая Гильдия представляет Вашему вниманию литературный сборник «Нить».

Более шестидесяти авторов из четырнадцати стран с 2018 года приняли участие в данном проекте и вплели свои прекрасные работы в эту нить поколений и народов, некогда объединенных одним общим культурным пространством – странами бывшего Советского Союза.

В этом году мир столкнулся с глобальными трудностями, которые не обошли и наших литераторов. И, возможно, особая душевность этого сборника достигнута благодаря этим трудным временам. Возможно именно поэтому он получился таким пронзительным, многогранным, наполненным неким мистицизмом.

В этом году авторы наших работ – профессиональные мастера слова, победители и финалисты конкурса «Открытая Евразия», ежегодно проводимого Гильдией, лауреаты Евразийских премий, активные участники и представители проектов и советов Гильдии.

В этой книге авторы делятся с читателями своими мыслями, мудростью, собственной философией, дают почву для размышлений и фантазий. Кто-то найдет здесь для себя что-то новое, о чем стоит задуматься, кто-то лучше поймет себя, а кто-то, возможно даже найдет смысл в своей собственной жизни и поступках. Кто-то посмеется, кому-то взгрустнется, кого-то, возможно, строки тронут до слез, а кто-то вспомнит своих близких....

В годовщину Великой Победы в Великой Отечественной войне мы не можем обойти вниманием военную тематику, и наши авторы будут возвращаться к ней вновь и вновь ради сохранения мира и благополучия, такого хрупкого сегодня, любви, дружбы и человеколюбия.

Гильдия выражает особую благодарность Экспертному совету «Художественная литература» за организационную и профессиональную поддержку, оказанную при подготовке этого сборника, а также инициатору проекта и автору названия «Нить» – корпоративному члену Гильдии в Республике Беларусь – Ассоциации защиты интеллектуальной собственности «БелБренд».

Ольга Митакович, администратор проекта,
Член Евразийской творческой гильдии

ЛАРИСА АЛЕКСЕЕВА

Писатель из Латвии.

Творческий псевдоним – Алекс. Художник-дизайнер, психолог, работала на телевидении и радио. О себе пишет так:

– Мадам, где вы так долго пропадали?

– Училась.

– На курсах?

– Нет. У жизни.

– Закончили с отличием?

– Нет, я только в процессе. Очень увлекает!

ПОТЕРЯ СТАТУСА

Санта была взволнована предстоящим приездом мужа. Разлука была долгой, полтора года. Ожидания по капле расточали запас радости молодой женщины...

С самого аэропорта Илгмар щедро делился с женой своими наблюдениями. Сочно излагал эволюцию используемых технологий в Америке. Рассказывал о новых направлениях в архитектуре. Подтрунивал над парадоксами допустимого в якобы свободных творческих прослойках.

– Милый, из твоего опыта, вкус – это продукт знаний или генетики?

– Вкусом мы обозначаем широкий диапазон визуального восприятия. Представлять себя во всём отлично ориентированной единицей – безграмотно! У каждого, свои таланты. А некомпетентность приводит к поиску профессионалов, таких как я, кокетливо похлопав себя по груди.

– И всё же как мало богатых тратит средства на образование!

– Нельзя забывать, что большие деньги имеют колдовскую власть над природой человека! Они расширяют границу возможного и дают размытые представления о себе самом. Внутренний мир становится для них плохо видимым. И если извне нет верных ориентиров и аналити-

ческих оценок, то несчастным остаются потуги, исключительно направленные на свой внешний лоск... Сант, что-то я устал! Перелёт, часовые пояса, – улыбнулся муж, протирая глаза. – Прости! Сегодня мой мозг не для серьёзных тем.

– Надо было мне сесть за руль!

– Нет, я соскучился по своей машине! Представляешь, я с ней всегда разговариваю! – перехватив изумлённый взгляд, рассмеялся. – Клянусь!

– Меня тоже подточило ожидание! Скажи, а ты можешь ознакомиться с объектом, подписать контракт и работать дома?!

– Пойми, там все спешат! К тому же есть специфика этнических ресурсов. Исполнители отличаются разным отношением к труду, заложенным их расой. Сколько там изменений из-за миграционных потоков! Один – профессионален, другой рабочий ленив и неаккуратен... От замысла могут остаться рожки да ножки! Иногда авторский контроль похож на бойню!

– Достаётся же тебе! – Санта сочувственно положила руку на его колено. – Как в твоём хаосе ты создаёшь удачные объекты?!

– Привык! Я заметил, что всегда последний проект длительно питает мой мозг и формирует среду для нового вдохновения. Мой последний, ювелирный бутик для миллионеров, чрезвычайно меня увлёк! Спроектировал в афро-стиле. Тёмно-зелёные тона. Столешницы, обтянутые кожей крокодила. Сгруппированные витрины, словно стада буйволов! В освещении воссоздал иллюзию вращения солнца... А что это ты завела такой разговор?

– Скажи, у тебя есть версия завершения нашего холла на втором этаже?

– Родная, разделаюсь с заказами, набросаю...

– Иными словами, – прервала его, – когда станешь безработным?! Может нам стоит нанять кого-то? – улыбнулась супруга.

– Меня нередко окружает хаос, в котором трудно поймать идею для отдалённого дома. О! Наконец! Приехали! Как хорошо! Кажется, я соскучился по своей обители. – Илгмар с облегчением завершил неприятный ему поворот разговора, пока жена распахнула дверь.

– ОГО! Это не голограмма?! – присвистнул супруг, рассматривая проникающий сверху свет. Поднялся на второй этаж. Перед ним выстроилась незнакомое пространство! Лучи проходили через стеклянное перекрытие, что расширило объём. Ниши суммарно создавали ритм. По центру дальней стены была размещена большая живописная работа со стильным рисунком на тончайшем полупрозрачном шёлке. Дымчато-жемчужная тональность. Минимализм. Невероятно красиво! Всё говорило об участии большого мастера. Именно этот факт какой-то липкостью отозвался внутри. Всегда опережают чувства! Слишком талантливо. Ум нашёптывал: «ты на такое не способен!». Супруг выдавил улыбку.

– Кого ты пригласила? Разве нам специалист такого уровня по карману? Кто он?

– Ты его очень хорошо знаешь!

– Глупости! Сразу узнал бы! С ним я не знаком! – обрезал супруг, продолжая вникать в детали. – Великолепно!

Санта не заметила колкой нотки в интонации. А супругу захотелось сбежать. В этом большом пространстве чувствовал себя карликом... Илгмар повёл себя странно. Спустился в гараж, достал сумки, что-то стал переставлять в машине. Его нутро прожигала зависть. Хотелось придушить этого возникшего конкурента! Из-за него я потерял статус «архитектор-дизайнер номер один!»

– Так я услышу имя этого гения? И как вы всё успели?

– Это я, милый.

– Что за розыгрыш!? – он еле сдерживал бешенство.

– Даже не думала шутить. За восемь лет, твоих мытарств, я закончила Академию изящных искусств. Приобрела знания и опыт. У меня уже есть первые заказы! Я просто освободила тебя от утомительных обязательств. Дальнейшие коррекции обсудим вместе.

– Неожиданная экспансия! Трудно принять такие масштабные новости! Одно мой притупленный мозг ухватил, так это предстоящую грандиозность праздника! Я мигом! – и почти бегом проскочил пролёт. – Нужно много шампанского! Много! Я мигом...

– Илгмар! – опомнилась Санта. – Прости. Я забрала твоё детище? – и заплакала.

Он не слышал её слов. Умчался. Илгмара трясло. За рулём он перечислял свои потери. Оборвалась нить связи с женой! Она буквально вскочила на вершину гениального! Рядом – я всегда буду затухающей заурядностью. А мне нужен блеск! Признание! Восхищённый шёпот: «самый лучший!», а значит самый дорогой! Рухнул очаг и понятие «мой дом». Надо поскорее возвращаться в Америку! Совру о новых обстоятельствах… Стоп. Стоп! Я – гений! Санту за рубежом не знают. По статусу она моя супруга. В области соавторства – полная дурочка! Дам ей первый заказ: реконструкцию выставочного зала. Посмотрю. Проверю. Возможно уже уеду с чертежами. Сотрудничая, я останусь автором! Так я смогу ещё долго считаться лучшим!

ЕЛЕНА АСЛАНЯН

Асланян Елена Эдуардовна, литературный псевдоним Инана. Родилась в 1961 году. Имеет высшее техническое образование, инженер-системотехник. Работала по специальности более двадцати пяти лет, с 2000 года серьёзно занимается литературой, профессионально занимается переводами на русский язык, имеет многочисленные публикации в Армении и за рубежом. Лауреат республиканских и международных литературных конкурсов, в частности, конкурса «Открытая Евразия - 2019». Есть у Елены в творческой копилке и победа на Евразийском кинофестивале и третьем Ромфордском кинофестивале (2019 год), где в номинации «Книжный трейлер» её видеоролик к роману «Три двустишия» был признан победителем. Автор пяти книг и четырёх сборников, два из которых международные. Проживает в Армении в городе Ереван, замужем, двое детей.

ИЗ ТРЕТЬЕГО ДВУСТИШИЯ

Марьям допила кофе, она поняла только одно – от нее уходят. После восемнадцати лет беззаветной любви, после всех потерь и обретений.

Возраст и опыт семейной женщины помогли ей, она справилась с чувствами, клокотавшими внутри нее, и она холодно проговорила:

– Что ж, если ты так решил, так тому и быть.

– Прощай, Маша.

Марьям машинально кивнула головой.

– Если, не дай Бог, что-то случится экстраординарное и потребуется моя помощь, я буду в тот же момент.

Марьям будто не расслышала адресованных ей слов:

– Да, хорошо. Прощай, Сережа, я пойду.

Она встала из-за столика и вышла.

До входной двери Марьям прошла уверенной спокойной походкой, но когда вышла из кафе, побрела, чуть ли не спотыкаясь на каждом шагу. Куда идти? Домой, конечно. Где найти такси? Она посмотрела направо, потом налево, вот небольшой парк, за ним виднеются козырьки такси. Правда, в этот холодный ноябрьский день парк совершенно безлюден, ну да еще не вечер, половина пятого дня. Она пошла по парку, вдруг, ей навстречу неторопливо вышла на дорогу небольшая стая собак. Марьям остановилась, собаки выжидающе смотрели на нее. Марьям сделала шаг назад, подумывая о том, чтобы вот так, не оборачиваясь к ним спиной, ретироваться. И в это время за собаками показался силуэт военного, быстро шагая, он прошел через стаю. Когда парень поравнялся с ней, Марьям схватила его за рукав:

– Товарищ лейтенант, прошу вас, проведите меня, я боюсь собак.

Лейтенант был совсем молоденький, в чистых голубых глазах мелькнуло что-то вроде испуга. Он высвободил рукав и в полном соответствии с законами воинской чести ответил:

– Я проведу вас, не бойтесь.

Он шел чуть впереди, Марьям не спускала глаз с собак, звери расступились, дав людям пройти.

– Ну вот, опасности нет никакой, можете спокойно продолжить свой путь, – сказал лейтенант, пятясь, явно опасаясь, что просто так от этой взрослой женщины не отделаться.

– Большое спасибо, – Марьям прибавила шагу и быстро пошла к выходу.

Там на самом деле находилась стоянка такси, она села на заднее сиденье и, с облегчением откинувшись назад, назвала адрес.

Войдя в дом, Марьям без сил опустилась на диван, не сняв сапог и дубленки. Прибежала дочка.

– Мамочка пришла! Мама, ты себя плохо чувствуешь? – в детских глазах возник неподдельный страх.

– Да, нет, доченька, просто устала. Ты одна?

– Саша на тренировке. Я тебе помогу, мам.

Леночка стянула с матери дубленку и побежала за тапочками.

– Приготовить тебе кофе?

– Умница моя, это то, что надо.

Девочка побежала на кухню. В памяти Марьям всплыла сцена в заснеженном парке: безлюдье, собаки, стремящийся поскорее сбежать от нее молоденький лейтенант с чистыми голубыми глазами, испуг в которых был ей приговором как женщине. И тут же, сознание переместило свою хозяйку совсем в другое место и время.

...Залитый первомайским солнцем праздничный восточный город, девочка с двумя длинными косами, крепко держащаяся за руку матери, настоящей красавицы, на которую оглядываются все, от мала до велика, позабыв правила приличия. Девочка гордится, что у нее такая красивая мама, может быть, когда она вырастет, тоже станет красавицей, и все будут на нее оглядываться. А сейчас на девочку никто не обращает внимания. Зато ее внимание привлекли одетые в праздничную форму молодые военные, какая необычная внешность у них: голубые глаза, белая кожа, высокий рост и спортивное сложение, а из-под фуражки выбивается настоящее золото, как будто волосы позолотили. И вдруг происходит чудо. Они оборачиваются и смотрят на нее, именно на нее, и улыбаются ей. И не только улыбаются! ОН ей подмигнул! Девочка готова расплакаться от счастья и одновременно провалиться сквозь землю от смущения. Мать замечает все, нахмурив брови, резко дергает дочь за рукав, и быстро уходит прочь, уводя ее за собой. Но то счастье, которое подарили девчушке подмигнувшие ей голубые глаза, никто у нее отобрать не в силах...

Марьям разрыдалась.

– Мама, что случилось? Мама, не плачь, пожалуйста, – девочка, услышав плач матери, бросилась к ней.

– Не бойся, Леночка.

– Но почему ты плачешь?

– Знаешь, доченька, умерла одна девочка, которую я знала.

Леночка вскрикнула.

– Как ее звали?

– Ты ее не знаешь, так что не имеет значения, как ее звали.

– Это так ужасно, мама!

– Да, доченька.

– Я приготовила кофе. Принести?

– Конечно.

Марьям прошла в ванную, ополоснула лицо, и, стараясь не встретиться взглядом с зеркалом, быстро вышла.

Завтра, наверное, она уже сможет познакомиться со своим новым лицом, с которого навсегда ушла тень той девочки с двумя длинными косами.

До тех пор, пока женщина способна вызвать интерес лейтенантских глаз, – она сама все еще девочка, у которой начинает учащенно биться сердце от этого взгляда.

А когда уже не так, – ничего страшного, – просто она никогда не будет женщиной лейтенанта.

Счастья нет ни в любви, ни в страсти,
И, наверное, нет, ни в чём.
Наапет Кучак

ОЛЬГА БАГРИЙ

Киевская поэтесса и прозаик. Родилась в Беларуси 29 августа 1927 года. Первыми произведениями были ее воспоминания о войне, которые она начала записывать еще в студенческие годы. Однако, первые книги издавались уже в зрелом возрасте. Особое место в ее работе имеет тема Великой Отечественной войны. В памяти остался ужас концентрационных лагерей, оккупации, горя и боли белорусского народа. Автор прозы, стихотворных сборников, книг и очерков о животных. Любовь, сострадание и забота не только о семье и друзьях, но и обо всем человечестве, прошли через все ее творчество и отразились в поэтических строках. Линии ее стихов и прозы пронизаны любовью и радостью жизни, грустью и скорбью; верой и надеждой; осуждением человеческих пороков; искренностью чувств и чистотой души; мудростью и таинством; соображениями о вечности в бесконечности. Ольга Багрий является автором более семнадцати книг. Она пишет и сейчас. Это ее жизнь.

ВОЕННОПЛЕННЫЕ

(Глава из книги: Потерянные во времени / Ольга Багрий.
Киев: Гнозис, 2001. 196 с.)

Мы постоянно стали встречать колонну военнопленных какими-то своими подношениями. Завидя её издалека, клали на дорогу всё, чем могли поделиться. Соседи тоже принимали участие в этом. Мы с Галочкой, моей подружкой, заворачивали в листки из наших школьных тетрадей по два сухаря, пересыпая их сахаром, потом перевязывали чем придётся. Когда колонна проходила наш двор, мы с Галочкой выбегали и бросали пакеты с сухарями буквально на головы пленных. Они хватали их с радостью. Некоторые охранники не воспринимали нас агрессивно.

Но однажды, когда пленные бросились подбирать с земли наши дары, один конный конвоир помчался за нами до самого двора. Во дворе были мама и все соседи: бабка Дуня, её сын Николай с маленькой Светой на руках и другие. Мы все бросились кто куда. Но конвоир всё-таки настиг Николая уже на крыльце и ударил его палкой по спине с огромной силой. Слава Богу, не застрелил. Мы продолжали это рискованное дело. Сухари, заработанные мною, расходились быстро.

Как-то, вернувшись домой от Галочки, я застала у нас сидящих у самого порога двух сбежавших военнопленных в шинелях. Перед самым вечером они постучались и попросились переночевать. Мама понимала, что это сопряжено с большими неприятностями для нас – укрывательство беглых военнопленных грозило арестом – но не могла отказать. От них шёл такой неприятный едкий запах, как от раненых за забором. Пленные отказались от подстилки и устроились на полу у входа, не снимая шинелей. У них, конечно, были вши, и они не хотели причинять нам зла, поэтому легли не раздеваясь. Они не распространялись о том, как им удалось бежать. Мы с мамой не донимали их расспросами.

Я долго не спала и всё думала: почему военные оккупационные власти преследуют гражданское население за акты милосердия в отношении военнопленных? Какое у них на это право? Армия воюет с армией, а у гражданского населения своя мораль, свои законы, есть, наконец, голос совести: надо сострадать, делать добро и помогать страждущему. Оккупационные власти заставляют гражданское население быть жестоким, бессердечным. А если мы с мамой не хотим быть безучастными к чужому горю, у кого есть право судить нас за это? И мы не одни живём с такими мыслями.

Мы бы захлебнулись в жестокости, не было бы места для любви на земле, милости и сострадания, если бы гражданское население выполняло все распоряжения оккупационных властей во время любой войны.

Ведь судят же вора за кражу, за то, что забирается в чужой кошелёк или дом. Почему не судят страну-агрессора, которая начинает военные действия против другой суверенной страны и вламывается в чужой дом, как это сделала фашистская армия с нами? Я задавала себе вопрос: почему человечество мирится с таким явлением, как война? Неужели оно равнодушно, в своей массе, к тому, что несёт с собой война? Чем это можно объяснить? Незрелостью, бессилием, равнодушием, разобщённостью? Мне хотелось верить, что наступит время, когда человечество, наконец, поймёт, что человек не должен быть убийцей своих собратьев по планете, он не должен сеять смерть, слезы, сиротство, он не должен быть эгоистичным, ничтожным существом. Всю свою энергию, разум человек должен направлять на совершенствование своих собственных духовных возможностей, забыть о кровавых межнациональных конфликтах и искать новые пути решения возникающих проблем. Да мало ли интересных дел в жизни, которыми может заниматься человек!

Рано, на рассвете, наши постояльцы покинули нас. Когда я вошла в нашу первую комнату, их уже не было. Остался только едкий, неприятный залах. Сколько мы ни вымывали место, где спали пленные, этот запах ещё долго жил в нашем доме, как напоминание о чужой беде.

ЕЛЕНА БЕЗРУКОВА

Елена Безрукова (Мусиенко), Алматы, Казахстан. Кандидат психологических наук, доктор философии (PhD), бизнес-тренер, психолог, предприниматель, автор проективной графики, лауреат литературных конкурсов, член Консультативного совета Гильдии, председатель Экспертного совета Гильдии «Бизнес-тренерство». Творчество современного человека многогранно. Обновляются классические жанры искусства, появляются новые направления, расцветает творческие союзы, объектом вдохновения становится сама жизнь. Любовь к изобразительному искусству и желание поделится зрительскими впечатлениями родили направление литературных миниатюр к картинам. В 2019 году издательством «ARKADA-INFO» при поддержке Гильдии издан каталог «Картины глазами писателя». Миниатюры призваны помочь читателям лучше видеть и чувствовать современное изобразительное искусство.

МИНИАТЮРА К ГРАФЕЛВЕ «ЛУННАЯ ИДИЛЛИЯ»

Открытая линия Луны шепчет легенды, что ткутся столетиями для одиночек. Седой диск – поле, давшее образ мужа и облик жены. Их губы коснувшись дарили зрителю нежность.

За лунной идиллией помчались каруселью картинки:

- встреча, томление, вздохи;
- восторг с холодком по спине;
- вальс Мендельсона;
- смех малышей, повсюду игрушки;
- носки, небрежные бигуди;
- скандалы, победа над слабым;
- дом опустелый, посуда не мыта;
- тишина телефона и тени;

- ложь своему отраженью;

- прощенье и солнечный свет:

- тёплая ладонь на щеке.

Открытая линия Луны вновь шепчет легенды, что ткутся веками для пар. Бесценный диск в небе – лоно, открывшее миру женщину и мужчину. Коснувшись их губ, на землю спустилась Любовь.

P.S.

Отзыв читателя:

«Елена, дорогая! Прочитала миниатюру и сразу пишу экспромт...

«Лунными ликами манят легенды,
Ткутся столетья из нежных моментов...
Встречи, томленья, вальс Мендельсона,
Восторг с холодком на пороге балкона...
Смех малышей, повсюду игрушки...
Себе не солжёшь, ведь любовь – это свет,
В прощении кроется главный ответ...
Жемчужным потоком сияет Луна,
Да, вечною тайной владеет она!»

Диляра Линдсей

МИНИАТЮРА К ГРАФЕЛВЕ «ДРАКОН»

Темнота разделила мир, в верхнем поле бархата играла с алмазными зёрнами, а в нижнем – пугала бездонным молчанием. Из смоляной глуши гордо поднял голову дракон. Расправив кожаные крылья, он взлетел в сторону огней, что подрагивали над ещё не спящим городом.

Люди с криками выбегали из домов, завидев огненные струи, что выдыхало чудовище. Пластично огибая шпили высоких башен, оно неумолимо приближалось к королевскому дому.

На балконе встревоженная принцесса всматривалась в центр города. Ужас сковал ее голос, но она любовалась магической красотой подлетающего ящера. Девушка знала, что дракон пришёл за ней...

Дракоша взахлёб читал книжку, что недавно нашёл на бабушкином чердаке. Ему не терпелось узнать, как спасётся принцесса из лап чешуйчатого предка. Он очень переживал за неё и, похоже, даже влюбился. Ночь пролетала под песенку верного сверчка, что разглядывал картинки с плеча друга.

Луна заботливо подсвечивала страницы. Она не сказала юным романтикам, что в это же время на другом краю вселенной кто-то захвачен историей про них.

МИНИАТЮРА К КАРТИНЕ РУСЛАНА КАРСЫБАЕВА «ФОНАРЬ С ЛИМОНОМ»

Здесь так тихо и спокойно. На первый взгляд скромно, можно проскочить и не заметить... Но что-то цепляет, шепчет присесть и отдохнуть глазами. Лимонные пятна, слегка утопленные в тени, звездочки света делают незамысловатый натюрморт радостным и волшебным. Как мир за холщовым очагом в каморке папы Карло...

Мой дед жил егерем на Или, знаменитой на всё Семиречье реке. На десятки километров вокруг его кордона не было иных селений. Лишь редкие рыбаки доезжали до него на выходные. А так - он один со своей хозяйкой, да я, редкий, но благодарный гость... Я трусиха. Боялась темноты, резких звуков, змей, бездонности летней ночи. Днём пыталась помогать деду по мохнато-рогатому хозяйству, училась пить «брендовое» молоко от пятнистой Зорьки. А ночью мы ужинали во дворе. Держась за дедовский рукав, я слушала его байки про фазанов, сомов и камышовых котов. Стрекотала сверчками не-

Руслан Карсыбаев, «Фонарь с лимоном»

проглядная чернь, да река пугала всплесками, будто за самой спиной. Я не спускала глаз с фонаря «летучая мышь», что стоял прямо на столе, видя в его слабом свете точку опоры своей вселенной. Меня поили душистым чаем с мёдом, и мир становился безопаснее. После ужина я опять верещала, что боюсь заходить в тёмный дом, но дед зажигал в моей комнате керосиновую лампу, и я засыпала абсолютно счастливая, растворяясь всеми чувствами в оглушающей красоте этого края...

Была я на Или всего-то раза два или три, очень давно. Илийские вечера, казалось, стёрлись из памяти моей фееричной, насыщенной жизнью. Забыла я тихие посиделки возле закопчёного чайника, запахи керосинки и степной полыни, смеющийся взгляд моего деда, любимца женщин и преданного друга нашей семьи...

Картина Руслана Карсыбаева стала моим золотым ключиком, которая открыла дверь к богатству, что сохранило мне детство. Я вновь и вновь буду заглядывать в неё, что бы увидеть образы любимых людей...

МИНИАТЮРА К ГРАФЕЛВЕ «СНЕГ»

Бог живёт где-то там, на седьмом небе. Вокруг кружат галактики, туманности, звёзды. Бог играет ими, как цветными шарами, – легко взлетая, они мягко опускаются на свои орбиты. А ещё Бог любит рисовать. На тёмном холсте космоса он творит миры, красоту и краски. Вечерами он усаживается в уютное кресло, и с удовольствием прихлёбывает чай из любимой чашки. Струится сладкий, небесный аромат. И на землю падает снег.

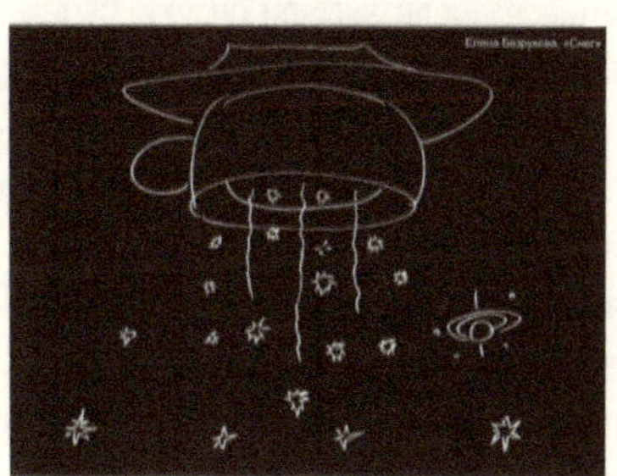

МАРК БРЫЗГАЛОВ

Брызгалов Марк Анатольевич, г. Кемерово, Российская Федерация. Родился 5 июня 1975 года. В 1991 году окончил среднюю школу №1 города Березовского. Окончил Омский финансовый техникум по специальности финансист, Кузбасский государственный технический университет по специальности «Организация перевозок и управление на автомобильном транспорте». Работал на инженерных и руководящих должностях в органах Министерства юстиции Российской Федерации. В настоящее время работает директором финансово-строительной компании. Женат, дочь – студентка РАНХИГС (г. Москва). Увлекается историей России, автор двух исторических книг, участник и финалист нескольких всероссийских и международных литературных конкурсов, имеет ряд публикаций в периодических литературных изданиях. Принимает участие в православном волонтерском движении, является официальным волонтером ООН.

ДЕДА КОСТЯ

Бывают дни, когда первые ароматы весны, скользнув с распускающихся веток деревьев, нежно туманят и кружат голову и начинает сладко сосать под ложечкой в предвкушении неминуемого лета. Первые тюльпаны, появившиеся после зимней спячки, своим пестрым нарядом радуют глаз и наполняют сердце умиротворением. Усталая душа человеческая, после долгих месяцев лютой сибирской зимы – ждет праздника.

Для него это был настоящий праздник. Не просто праздник, а ПРАЗДНИК! На всю жизнь врезалось в память, как в чистой, идеально наглаженной рубашке и брюках деда Костя появлялся на крылечке. Лейблов модных я на нем не видел, но уже тогда уяснил, что достоинство настоящего человека не зависит от стоимости его гардероба. Даже не догадывался тогда, сколько еще потом в жизни повстречается дешевок в дорогих костюмах и светлых душ в дешевом тряпье.

Весь вид его показывал, как заждалась душа этого дня – 9 Мая. Я вот все думаю: он и войну прошел и всякого в этой жизни повидал, но не очерствел к чужому горю, не сгнило его сердце к добрым делам. Сейчас стало модно кивать на обстоятельства, пенять на судьбу, мол, не мы такие – жизнь такая. Обстоятельства всегда разные, и антураж отличается во времени, но как поступить – решаешь ты сам.

Он присаживался на чистеньком, пахнувшем свежей краской крылечке, немного для порядка приняв на грудь. К слову сказать, пьяным я его за всю жизнь ни разу не видел. Рассказывал про войну. Интересно, но как-то не обычно, не как в книжках написано.

От наград на кителе не было свободного места. Красиво поблескивала даже французская, но больше всего он ценил не ордена, а простую «Медаль за отвагу», полученную в 41 году.

Как-то спросил про орден Красной звезды.

– Деда Костя да ты – герой, – говорю, разглядывая ряды медалей и орденов на кителе.

– Да какой герой, – отвечает, – просто повезло. Везение – вещь важная, а на войне особенно.

Деда Костя привычным движением достал из кармана пачку Беломора и спички, с явным намерением закурить.

– Расскажи, интересно ведь! – не унимался я. – Вот например, про орден Красной звезды.

– Ладно, – отвечает деда Костя, затягиваясь папиросой Беломор, – слушай. Дело было так:

Летом 42 года засели фрицы на высоте и никак не могли мы их выбить. Шибко хорошо они подготовились, окопались, очень грамотно используя природный ландшафт. Запаслись провизией, боеприпасами.

Огонь такой открывали, что и головы поднять нельзя. А высоту брать надо. Командиры пытались солдат в атаку поднять, но вражеские снайпера работали отменно и атаки не успев начаться, захлебывались. Вот упал сраженный пулей политрук. И оказалось, что по званию я самый старший получаюсь.

И сам от себя не ожидал, поднимаюсь во весь рост и с криком: За

Родину! Пробегаю буквально несколько шагов. А дальше ничего не помню. Очнулся в погребе разрушенного дома. Видимо разрывом снаряда дом уничтожило, а я, свалившись в погреб, крепко ударился головой о балку и потерял сознание.

Пока приходил в себя, наши высоту уже взяли. С потерями большими, но взяли. Вот так, а ты говоришь, герой, герой! Никакой я не герой. Повезло просто. Вот и представили к ордену.

Сколько времени прошло с этого памятного разговора, но до сих пор поражаюсь скромности этого человека. Попробуй встать во весь рост под ураганным свинцовым огнем, пойти в объятия самой смерти.

Летят дни, месяцы и годы, а всегда вспоминаю деда самыми теплыми и добрыми словами, что ношу у сердца. Светлый наш человек! Вот такие вот смелые, скромные и светлые люди и привели нашу Родину к Великой Победе! Им мы обязаны праздником 9 Мая!

АННА ГОГОЛЕВА

Родилась и выросла в Якутии. Окончила среднюю школу, музыкальное училище, Литературный институт им. М.Горького, аспирантуру Института мировой литературы им. М.Горького в Москве и защитила кандидатскую диссертацию. Работала в Москве, в газетах «Вестник Литфонда», «Полярный круг», в настоящее время – старший научный сотрудник в Литературном музее им. П.А.Ойунского. Перевела на русский язык известные романы своего отца, народного поэта Якутии Ивана Гоголева. Автор ряда сборников рассказов и повестей, статей и работ по истории, литературе, верованиям якутского народа, в частности, книги о шаманизме «Смотрители Вселенной», а также детских театральных сказок, поставленных на сцене якутских театров. Ее рассказы, научные работы были опубликованы в центральной и республиканской печати, и за рубежом. Финалист и победитель ряда международных литературных конкурсов.

ГОРОД-ПРИЗРАК

Она возникла как из сна – дивная церковь, сотворенная из дерева искусными древними мастерами. Единственная, чудом сохранившаяся от некогда многолюдного города Зашиверска. Этот город на северной реке Индигирке сгинул навсегда, жители покинули его, спасаясь от оспы, а те, кто остались, погибли. Лишь эта церковь уцелела. Ее должны были вывести люди в Академгородок в Новосибирск.

Пролетая на вертолете над землей с лунным ландшафтом, они видели кругом лишь мглу, заброшенность с унылыми крестами. Как вдруг она возникла – будто свеча, большая свеча, горевшая несчастьям всем назло.

– Ее точно ангелы зажгли, – подумала Лена и, оглядев замершие лица своих коллег, поняла, что так подумали все.

Едва люди приземлились и начали разбирать вещи, чтобы приступить к разборке, в небе появилось странное.

Вдруг налетели тучи и показались люди. Толпа бежала, спасаясь от несчастья в ужасе и страхе: телега с кричащими детьми, женщины, старики, молодые, священники, шаманы в старинных одеяниях, купцы, эвены, местный люд оленей погоняли – прочь, скорее от мора страшного! Ооо!

Когда видение исчезло, все долго молчали потрясенно.

– Беда была страшенная...

– Это знак. Не зря природа показала нам. Эту церковь увозить отсюда нельзя.

– Но так решил Совет, их заданье мы должны выполнить.

– Если мы это не исполним, пришлют других, и выговор дадут, тогда с другими экспедициями придется распрощаться. Мы люди подневольные.

– Однако и от нас многое зависит.

– Об этом непременно узнают люди.

– А что говорят легенды, помните?

– Такое не забудешь. Здесь часто устраивались ярмарки. На одной особенно богатой священник и шаман по-своему благословляли разложенные товары и приметили богато окованный сундук. Шаман, увидев его, приказал вырубить на Индигирке прорубь и немедленно бросить туда. Но священник воспротивился, заявил, что скорее бросит туда шамана, чем такое добро. Сундук отрыли. Люди тотчас расхватали его богатства, драгоценности, дорогие ткани и прочее. Назавтра в городе появилась черная оспа. Погибли и разбежались все в ужасе, в том числе священник.

Оспа периодически возникала в городе, то отступала, то снова возвращалась, пока в городе никого не осталось. Выжила только одна маленькая якутская девочка по фамилии Тарабукина. Она дожила до 105 лет.

– Как ей удалось спастись и прожить столько лет?

– В селенье вдали отсюда живут ее потомки. С ними поговорить надо.

Вечером, закончив работы, Лена вместе с Михаилом нашли нужный дом. Потемневший от времени, он чем-то напоминал ту церковь, пережившую века. Старуха из рода Тарабукиной тоже особое почтение внушала. Несмотря на столетний возраст, темные глаза ее из глубины морщин, смотрели ясно, живо.

– Мы из экспедиции, изучаем все здесь, хотели поговорить о вашей родственнице, предке.

– Знаю, зачем приехали и что хотели бы услышать, об этом много уж говорила.

– Но все-таки, как ей удалось выжить?

– В жизни так ведь: кто-то погибает в катастрофах, а кто-то спасается.

Божий промысел... Она все говорила, что мать надела на нее крест, когда заболела и отправила с добрыми людьми подальше от гибели.

– Крест?..

Старуха взглядом показала на старинный серебряный крест, лежащий у изголовья.

Он напоминал крест церкви, что разбирали они весь день.

– Ее крестили в тот год, когда нагрянула беда. Крест с тех пор всегда был с ней, теперь передается по наследству.

– Вы же якутка, вам шаманы верно ближе.

– Веры – ветви древа одного, а корень – Он.

– Но...

– Она все говорила, если бы священник и шаман друг с другом договорились, беда бы, верно, миновала. Но в те годы священники и шаманы друг с другом спорили особо ожесточенно, а споры и раздоры к добру, известно, не приводят. И комета хвостатая повисла в небе, будто злой дух ее послал – все к худу было, вот и нагрянуло. Кто-то с умыслом худым воспользовался этим, беду с добром подбросил, нагрянула и погубила многих, как наказанье за прегрешенья. Тот, кто это сделал, и сам верно пострадал. Ведь в жизни так, если не в этой жизни, если не ты, то родичи твои ответят непременно за то, что натворил плохое. Он... – она показала потемневшим пальцем наверх, – все видит, знает. Всем нам когда-то придется ответ держать за то, что сделали худое. Леса, земля и реки созданы Всевышним, чтобы служить нам и надобно жить в добре, мире с природой и друг с другом, худого не творить.

Вот за грехи и посылаются нам, грешным, такие испытанья...

Старуха на прощанье гостей перекрестила крестом старинным и тяжело вздохнула.

– Выходит, нас новые ждут испытанья. Неужели в один миг болезнь все может уничтожить и все наши новые технологии, достиженья нас мало защитят. Нравы ведь мало изменились.

– Тсс, не говори такое.

– Оставим эту церковь.

– Нет, эту не получится. Но новую непременно поставить надо.

Лена облегченно вздохнула.

– Да будет так.

Улетая, все долго смотрели с высоты на потемневшую местность. Без церкви той она осиротела будто.

Но в заходящих лучах солнца видение возникло: чудная церковь в сиянии небесном победно освещала все кругом и будто говорила – я есть и буду, доколе вы со мною.

Вздох общий пролетел:

– Да будет так! Да будет...

АЛДОНА ГРУПАС

Медсестра, писатель, блогер, спикер, креативный коннектор. Последние пятнадцать лет проработала в Англии медицинской сестрой геронтологии. Помимо этого, является Председателем литовского, общества в Уолверхамптоне (Wolverhampton), Председателем творческого клуба «Альбион» в Бирмингеме. В своих книгах делится опытом работы с пациентами, с какими трудностями она сталкивалась и чему научилась, пишет советы по уходу за больными, пишет жизненные истории как свои, так и коллег и пациентов. За свою карьеру писателя написала несколько книг о литовцах, которые переехали в Великобританию, и также о своем собственном опыте, как личном, так и профессиональном. Жизненный опыт сподвиг ее в 2012 году написать свою первую книгу о Литовской диаспоре в Англии, которая там сложилась в послевоенные годы. Книга была издана на литовском и английском языках и получила финансирование на издательство от фонда «Наследие». Книги автора изданы в Великобритании, получили престижные награды Евразийского творческого сообщества.

АНОНС

Суровый период новейшей истории, начавшийся в 90-х, изменил жизнь каждого из нас.

У прекрасной Асты было все: обаяние, таланты, работа. Но не хватало самого главного – любви. Это заставило ее бросить все и довериться судьбе. Она больше не хотела влачить жалкое существование. Ведь жизнь даётся единожды!

Но, пройдя череду препятствий, Аста добилась желаемого. И сейчас она готова рассказать свою историю.

ПРЕДИСЛОВИЕ

Романы времен «лихих 90-х» изменили жизнь не одной женщине. В то время наша Аста, молодая, но уже замужняя, захваченная житейскими невзгодами женщина сражалась за семью изо дня в день. Честно считая, что так и должно быть. Но, в какой-то момент, она поняла, что больше не может ждать новых лучших времен. Любовь ушла, оставив лишь неприятности в виде безответственного и эгоистичного мужа, которому Аста, в свою очередь, тоже стала глубоко безразлична. Их брак продолжался, в основном, по инерции. Но так могло бы длиться ещё долго, если бы в судьбу не вмешался господин Случай. Асте предложили работу в Дании. И это полностью перевернуло ее жизнь. И именно в той новой жизни Аста встретит своего возлюбленного, который окажется арабом из Иордании. Жизнь порой бывает удивительнее любой сказки. Вот ее рассказ.

ИСТОРИЯ АСТЫ

Копенгаген – прекрасный и счастливый северный город подмигивал мне через окно солнечными бликами. Утро. Я накормила семью, выгуляла собаку и побежала на курсы медсестер: не так давно я решила приобрести новую профессию. И вот скоро защита диплома, наверное, последнего диплома в моей жизни. Хотя... «никогда не говори никогда».

Я думала о многом, перебирала события жизни, которые меня сюда привели. И внезапно, среди прочего, мне вспомнилась история австрийского писателя Эдена фон Хорвата, которому однажды некая ясновидящая предрекла, что его судьба решится в Париже. Писатель действительно вскоре отправился в город на Сене по делам и, конечно, посетил Лувр, другие парижские достопримечательности. А напоследок решил прогуляться по Елисейским полям.

И что вы думаете? Внезапно разразилась гроза. Эден укрылся под деревом, но молния ударила прямо в это дерево, и он был убит большой упавшей веткой!

Вот такое «решение судьбы»! Есть чему подивиться.

У меня, как и у Эдена, тоже была встреча с ясновидящей. Она мне предсказала счастливую жизнь за границей. Тогда я только улыбнулась про себя и не поверила. Но как ни удивительно – предсказание сбылось. И, действительно, это произошло за границей.

Вот только отправило сюда меня не то предсказание, а подружка. И я даже не могла представить, что это решение так сильно изменит мою жизнь.

Я родилась в Литве в 1972 году, в небольшом провинциальном городе Паневежисе. Подобных множество на побережье: чистый, уютный, где почти все друг друга знают.

Мне был один год и восемь месяцев, когда погиб мой отец. Мама осталась одна с тремя детьми на руках – двумя моими братиками и мной.

Отца я, конечно, не помню, знаю его лишь по фотографиям и рассказам мамы. Из-за того, что он ушёл так рано, я не испытала отцовской любви и не представляю, что это такое.

Росла я также, как и все дети – садик, потом школа. В школе я не была отличницей, но имела много друзей. Они меня защищали: просили учителей, чтобы те ставили мне оценки повыше. Часто это срабатывало.

Вообще, наш класс был дружным. Я всегда могла рассчитывать на помощь. Поэтому даже в 16 лет в отношениях с парнями мне еще долго хотелось быть маленькой беззащитной девочкой, чтобы получать заботу и ласку.

Мои старшие братья тоже были моими защитниками, и это все знали. Я везде чувствовала себя в безопасности.

Одним вечером я пошла на дискотеку с подружками. Молодость – понятное дело! И встретила там ЕГО. Высокий красавец, на него заглядывались все вокруг! Я не была исключением.

После дискотеки он сказал:

– Аста, ты не хотела бы составить мне компанию? Пойдем – прогуляемся по городу?

Я, конечно же, согласилась. Я была счастлива его вниманию.

Парень старше меня, спортсмен, популярен среди девушек. Но он выбрал меня(!).

Меня распирало от гордости.

Может это и не была любовь с первого взгляда, но искра взаимного интереса вспыхнула между нами с первой секунды, с первого взгляда.

После этого вечера мы начали встречаться. Я очень дорожила нашей дружбой. Мы ходили в кино, в гости к друзьям. Но со временем я заметила одну проблему. Он любил выпить, больше, чем требуется, и потом становился буйным.

Но я была очарована им, и не обращала внимания на первые «звоночки».

Со мной он был нежен и приветлив, я парила в облаках.

Мы встречались два года и решили пожениться. Мне исполнилось 18, а ему 24. Когда мы стали жить вместе, мне перестали нравиться его частые встречи с друзьями и пьянки до утра.

Но все еще я не реагировала на это серьезно. Тогда я работала в детском саду помощницей воспитательницы, моя работа отнимала у меня много времени и внимания. Он тоже работал, но часто менял места, а потом вовсе потерял работу.

После трех лет совместной жизни, в 1994 году, у нас родился сын. Муж был в восторге! Роды были очень тяжелыми, но он не отходил от меня ни на секунду. Он терпеливо ухаживал за мной, переживал за сына. Это было очень и очень приятно.

Как только сын немного подрос, я поступила в консерваторию, и, несмотря на трудности, закончила учебу.

Но хорошие отрезки жизни тоже когда-то заканчиваются.

Через некоторое время и я потеряла работу. Муж стал ездить за границу на заработки, но приезжал без денег. Всегда были отговорки, что ему не заплатили.

Мы решили – если не платят, так ему лучше быть дома, с семьей. Так он и остался дома.

Мы жили у моей мамы на ее пенсию – два взрослых человека и один малыш. Это было ужасно!

Именно тогда я пришла к выводу что деньги – это большое вселенское зло. Мы с мужем живем вместе уже почти 9 лет, у нас 6 летний сын.

И все эти 9 лет не прекращаются скандалы из-за денег. Последние 3 года ссоры, в основном, были из-за них.

В то время моя двоюродная сестра жила в Дании. Она вышла замуж за датчанина и уехала. А у меня в семье назревал разлад: мое терпение заканчивалось. Я не видела выхода. Вечно в долгах, работы нет, пенсии матери не хватает, бесконечные скандалы дома. Это был Ад – обычный домашний Ад. Иногда утром мне даже нечем было покормить ребенка. Спасибо друзьям, которые помогали – кто картошкой, кто хлебом, кто вещами.

Я не видела войны, но я знаю, что такое голод.

В конце концов я устала от всего этого и позвонила кузине с просьбой подыскать мне работу. Это было в 2000 году.

Она мне помогла. Договорилась о работе. И вот я начала собираться на заработки за границу. И что тут началось?!

В семье все согласились, что я должна ехать. Но соседки и разные знакомые начали осуждать меня, ставя на одну ступень с падшими женщинами.

Не понимаю, почему у нас такой менталитет?! Если мужчина едет на заработки – это нормально. Пусть даже он и не привозит деньги, но это все равно похвально. А если женщина собралась поехать на заработки, чтобы спасти семью от нищеты, – то это уже проституция.

Но я сильная женщина. Долги, голод, ответственность за ребенка закалили меня. Я оставила соседкам возможность и дальше перемывать мои косточки, а сама уехала в Данию.

Поехала, поработала, заработала денег и вернулась. Раздала долги, и опять за душой ни гроша. И все сначала – сидим на нулях. Ведь работа в Дании была сезонной. Меня снова одолела нищета, из которой не знаешь, как выкрутиться.

А потом умерли последовательно моя любовь и терпение. Я стала все чаще срываться на домашних. Я ругала себя за это, но продолжала от безысходности.

И вот как-то днем я совершенно случайно встретила свою подружку... Она была из тех, кто, как нам казалось, живет там, где «деньги растут прямо на деревьях, надо только приложить усилие, чтобы их сорвать».

Подружка предложила мне поехать с ней – попытать своё счастье. Я была подавлена и не видела выхода. Здесь, в Литве, в те годы что-либо исправить было невозможно, и я решила уехать. Я думала это поможет заработать, а разлука, возможно, подогреет наши с мужем отношения. Короче говоря, я решила все изменить.

ФИРАЗ

Религия в семье играет большую роль. Связав свою жизнь с человеком другой веры, ты должна приспосабливаться ко многим вещам. Мой новый возлюбленный был человеком другой национальности и другой религии. И мне пришлось принять это.

Мы не ходим в церковь или костел слишком часто – ни я, ни он. Но мы празднуем Рождество, Пасху...

Так как он православный, а я католичка, наши религиозные праздники отличаются только датами. Причем мой муж отмечает их все и по католическому, и по православному обычаю. Он вырос в семье, где очень строго соблюдались все религиозные традиции.

Я всегда говорю, что я не знаю, что будет завтра, я живу очень хорошо здесь и сейчас. Ведь никто не знает своего будущего. Каким оно будет? Будет ли? И на что стоит надеяться? Оно может быть совсем не таким, как вы ожидали.

15 лет я жила с мужем-литовцем. Одна и та же культура, одна и та же религия... Теперь я живу с человеком другой нации вот уже 13 лет. И я счастлива! Получается парадокс.

Я считаю, что в отношениях между мужчиной и женщиной есть одна очень важная вещь. Если люди хотят быть вместе, они и культуру примут, и религию: подкорректируют что-то и договорятся, что-то согласуют, на что-то закроют глаза. Где-то промолчат и примут как должное. Было бы желание!

Не могу сказать, что это легко. Но когда проходит время, все углы уже не кажутся такими острыми. Они будут «отшлифованы» взаимными усилиями. И это самое ценное в семье.

Сейчас я живу счастливо. Но для этого мне пришлось пройти очень нелегкий путь. По началу у нас было очень много разногласий. Были переломные моменты и для меня, и для него. И не религия тут причиной, а другое.

Мы, европейки, как правило, негативно относимся к мужчинам из азиатских стран. Так как знаем только об очень плохом опыте других женщин с мужчинами этих национальностей.

Я и сама раньше была очень плохого мнения об арабах. Я даже писала об этом своей подруге. Она встречалась с другом моего мужа. Кстати, он нас и познакомил.

Моя подруга то письмо, наверное, хранит до сих пор. Я писала: «Ты понимаешь, что делаешь? Беги от него как можно дальше! Он испортит твою жизнь! Он – араб!».

Я всегда имела только отрицательное мнение по поводу смешанных браков. И даже сейчас такие мысли у меня нет-нет, да и проскакивают.

Это потому, что есть достаточно много пар, которые не могут ужиться. Их религия и культура берут верх, разрушая семьи. Эти пары не могут найти компромисс. И похоже, они его никогда не найдут. А все потому, что они не говорят на языке любви. Не хотят говорить. Ими движут только амбиции.

Я жила 15 лет с литовцем, а теперь я 13 лет живу с арабом. И могу сказать, что это отличается как небо и земля.

Я не говорю, что у нас нет ссор и проблем. Все это есть. Но мы не бьем посуду и не деремся. Мы умеем вовремя остановиться и никогда не переходим черту.

Это не значит, что все арабы хорошие, а литовцы плохие. В любой нации есть и хорошие, и плохие люди. И вообще, дело не в национальности, а в самом человеке. Все имеет значение! Какое он получил воспитание, в какой семье вырос? Здесь имеют значение даже, казалось бы, простейшие бытовые мелочи.

Есть разные жизненные истории.

Вначале, когда мы только начали встречаться, я специально говорила своим друзьям: «Он – араб!». Мне нравилось наблюдать их ответную реакцию. Я даже провоцировала тех, кто спрашивал меня с кем я живу. Мои близкие меня не одобряли. Но это меня мало заботило.

Они не знали того, что знала я! И эта реальность давала мне крылья. Никакой подделки, маски, пудры... Я готова была кричать от радости: я люблю!

Время шло, но наша любовь становилась только сильнее. Его поцелуи много лет сводят меня с ума. Кто не мечтал о таком? Но сейчас это – моя жизнь. Моя реальность!

ПОСЛЕСЛОВИЕ

Мудрость, которую я сумела вынести:

Я знаю только одно:

Жизнь прекрасна, и мы создаем ее в соответствии со своими возможностями.

Спасибо за то, что у меня есть семья. Что я и близкие здоровы.

Я счастлива.

Я благословенна как жена.

Я не могу хотеть большего, потому что все, что мне нужно для счастья, у меня есть.

Фираз, моя любовь, с каждым днем люблю тебя все больше и больше!

Твоя любовь и забота поддерживают меня каждую секунду.

БИОГРАФИЧЕСКАЯ СПРАВКА

В Дании Аста закончила курсы датского языка в колледже, курс помощника социального работника, а потом курс ассистента социального работника. Она моя коллега, работает в доме престарелых. Выполняет обязанности медсестры, но только не делает уколы – если встречается какой-то сложный случай, она обращается к медсестре или к врачу.

АКЫЛБЕК ДЖУМАНАЛИЕВ

Родился 15 мая 1944 года. Осуществляет деятельность в области исторической науки, вопросах философского развития, художественно-творческой эссеистики. Выполняет переводы работ японских поэтов с русского языка на кыргызский язык. Занят творчеством с двадцати пяти лет, в течении пятидесяти лет. Главный руководитель института истории и культурного наследия при Национальной академии наук Кыргызской Республики, доктор исторических наук, профессор и заслуженный ученый Кыргызской Республики.

ЗАЯЦ

Рассказ

Был конец осени, зима была не за горами. Было межсезонье. Снег, который выпал немного , ещё кажись совсем недавно, уже улёгся.

Из аила выходили три всадника. Как вчера договорились, они сегодня собирались на охоту. Более-менее разбиравшийся в охоте один из всадников, стал в качестве лидера. Собака, (тайган) сопровождающая их спереди их спереди, тоже была его.

Отдалившись от аила, они остановились у речного брода, в этот момент все трое одновременно захотели, чтоб охотничьи развлечения были интересными, в какой-то степени они захотели, чтоб это стало традицией.

После брода шло просторное степное поле. Поле белоснежное, стояла абсолютная тишина вокруг. Издалека еле виднелись силуэты пасущихся коней, больше ни одной души в округе.

В какой-то момент, один из охотников взволнованно крикнул «заяц». И вправду как оказалось, невдалеке, примерно в двухстах метрах от них, рыскал в поисках пищи заяц в серой окраске.

Всадники резко остановили своих лошадей. Хозяин тайгана подозвал его к себе, взяв его за шею и ноги, закинул к себе на седло. Как только он повернул голову тайгана в сторону зайца, тот заскулил. Охотник тотчас опустил его на землю.

В это время заяц, как будто что-то почувствовал, оглянулся и увидел трёх всадников.

Здесь все и началось. Если для одних это было охотничьим, развлечением, то для другого это была борьбой за жизнь. Заяц стремительно убегал, за ним бежала борзая, а за ними поскакали три всадника.

Перед глазами убегающего зайца встал какой-то силуэт. Это был колючий кустарник этого сухого поля. Заяц убегал пока есть силы. Тайган с каждым разом сокращал расстояние. А охотники кричали как будто перед ними гонятся тысячи вражеских воинов. Однако их целью был заяц.

Тайган, бежавший за зайцем, уже близок к цели. Колючий кустарник тоже. Вот.... Вот... Вот тогда заяц, прижав свои лапы к груди, скрутился в комок, и как футбольный мяч покатился в этот колючий кустарник. Ни на что не посмотрел. Положение, в котором сейчас находился заяц, было единственным спасением.

Поздней осенью, колючки этого кустарника высыхают, станут острыми, и сам кустарник становится как пень твёрдым. Животные, да и вообще все живые существа обычно обходили его. А теперь заяц ищет спасения, укрываясь в этом колючем кустарнике.

В тот же миг к кустарнику подбежал тайган. Одной лапой, толкая ветки кустарника, он пытался вытащить зайца, но безуспешно. После того как лицо и лапы тайгана были исцарапаны колючками, он отошёл. Из-за боли он заскулил. В этот момент он чувствовала себя бессильной. Спустя некоторое время к кустарнику подошли и сами охотники. Заяц все также в форме футбольного мяча находился в центре кустарника. Кровь, вытекающая из его ран, повреждённых колючками, сменила его серую окраску, на красно-коричневую.

Видевший ситуацию, лидер всадников находился в таком же неловком положении как его тайган. Он и понятия не имел что делать. В один момент он начал ковырять колючий кустарник концом своего камчи-кнута. Он дотянулся до зайца этим концом. Но заяц его не чувствовал. Зайцу и без этого хватало мучений. В это время, смотревший на ситуацию, один из охотников, повернул своего коня и умчался в сторону аила.

Ситуация была такая: заяц находился в центре кустарника, скрутившись в клубок; тайган, несмотря на то, что не получил желанное, все еще крутился вокруг куста; а охотник все пытался до ковыряться до зайца.

В этот момент в голову зайца приходит не понятная человеку мысль, система работы его головного мозга загружается новой программой. Новая функция в голове зайца, то ли снабжена такими же чувствами как у человека, то ли что, в общем он пришёл к одному решению. Он резко вздрогнул, колючки вновь вонзились в него. Вздрогнув еще раз, расправив свои лапы, будто солдат боровшийся за свою жизнь, вырвался из колючего кустарника. Подняв голову из последних сил, он решил посмотреть на окруживших его. От его серого тела ничего не осталось, серая окраска покрылась кровью. Глаза были полностью окровавлены. Ничего не видно. Заяц своими передними лапами протёр глаза. Еще протёр. Вот теперь казалось что его глаза начали видеть.

Заяц видел перед собой смутную картину двух всадников. Он устремил свой взгляд на одного из охотников, на всадника второго плана. На данный момент ему было не интересно смотреть на тайгана. Тайган изумляясь действию зайца, прижав хвост между задними ногами, машинально попятился назад.

Сейчас никто не знал, как будет разворачиваться событие, чем все закончиться. Возможно, вы продолжите этот рассказ, дорогой читатель. Возможно, у вас своё видение этой проблемы. Я с удовольствием послушаю вас.

ЛЮБОВЬ ЕФИМОВА

Арнель Анкх – авторский псевдоним, имеющий многогранное значение его вымысла, сложившиеся в течение жизненного пути. Родилась в Москве, но всегда мечтала жить на море. Поэтому с 2000 года перебралась в Испанию, став ее постоянным резидентом. Первое стихотворение «Дед» было написано в 1989 году. Затем, вплоть до отъезда в Испанию, велся дневник поэтических записей. На сегодняшний день Арнель Анкх активно участвует в литературных мероприятиях уже не только в качестве поэтессы, но и писательницы. На данный момент в поэтическом собрании сочинений имеются произведения как на русском, так и на испанском языках. Из них некоторые были представлены к литературным конкурсам как в Испании, так и в России. Любит путешествовать, мечтать и реализовывать задуманное. С душой относится к разным культурам, особенно древним. На первом месте стоит Египет времен великих фараонов и мистических жрецов. Любит жизнь во всех ее цветах и оттенках!

ЖИЗНЬ И МАГАЗИН. СРАВНЕНИЯ

Одна жизнь – великая мистерия,
Множество судеб – лабиринт загадочных дилемм

Жизнь – как поход по огромному магазину или многоэтажному коммерческому центру. Каждый выбирает и оставляет в своих руках то, что ему надо, нравится или подходит. Некоторые останавливают взгляд на манекенах и посторонних людях, любуясь и завидуя тому, что им не идёт, не видя себя в зеркале. Ведь у каждого всего одно идеальное лицо – это его, а не чужое. Наше отражение играет роль незаменимого помощника, который всегда подтверждает правду, чрезмерно идеальную и тайную.

Все мы наделены вкусом и безвкусицей, деньгами и безденежностью, подъёмом настроений и резкими отвратительными перепадами, где торжествует наш общий враг «зависть». Пусть белая или очень чёрная, но она делает своё дело. Мы теряем облик в чужих красках, пытаясь быть не самими собой. Обволакиваемся пропагандами матёрых нравоучений о том, кто есть мы и что нам надо есть, какой моды придерживаться, как жить или с кем общаться.

Глаза разбегаются от выбора, теряясь в догадках, что всё-таки лучше. Спрашиваем себя и бредём дальше по прилавкам всякой всячины, забывая зачем мы вообще сюда попали. Одно – не по карману, к другому – не лежит сердце... Вот и мечемся между оживлённой толпой счастливых и несчастных, отдавая свои предпочтения то одному, то другому, зная наверняка одно – мы все в поиске! Забывая о своём Единственном отражении, читаем себя в глазах других и всё видим в другом свете.

Но лучше нас самих, поверьте, не знает никто, что именно нам надо! Просто мы запамятовали в своей беготне по этажам!

В конце концов мы опускаем руки и носим то, к чему привыкли и находимся там, где терпимо для вздоха.

Магазин жизни слишком огромен, чтобы повидать всё на его нескончаемых этажах от поднебесного шика до подвальных подсобок.

Мы, люди среднего класса, обитаем на втором и третьем этажах. В крайнем случае мы спускаемся до первого и идём по скидкам распродаж в эконом классе. Или просто пялимся на радость, когда особенно грустно. Коробки, набитые пустотой, тащим домой, заполняя другую пустоту. И меркнут вчерашние красочные образы, растворяясь в вечности, до которой рукой подать.

2020 г.

ВЕРНОСТЬ И НЕВЕРИЕ

Мужчины всегда должны быть заняты!
А женщины – всегда полезны, В первую очередь себе!

В игривом рассвете испанского утра меня разбудил аромат кофе. Я потянулась в предвкушении ожидающего меня легкого футтинга для поддержания физического тонуса. Несколько мгновений – и как по волшебству! На мне красуются удобные кроссовки и спортивный костюм, и я уже бегу в компании моего верного пса Драко. Кстати, свое имя он получил в честь созвездия на небосводе. Древнейшее название и символика легендарных звезд «Дракона» четко передают характер черного красавца с белой грудкой. Мой четвероногий дружок следует за мной, с усилием выдавливающей из себя то ли бег, то ли быструю ходьбу... Мысли о вчерашнем разговоре с подругами не покидают меня даже здесь, и физический натиск только усиливает недавние воспоминания. Конечно! После знатного девичника, того, о чем мы там наговорили и навспоминали, трудно не задуматься и не проанализировать жизненные истории верности и неверия. Я подумала: «Вот так тема закралась в мой мозг невзначай! Бежит со мной вместе, не спотыкается! Наоборот, даже незаметно подгоняет меня вперед! За то не однообразно, вроде и не одна, а с подругами потею на благо здоровья!» Моего песика я в счет не беру, такая тема ему точно не интересна. Животные живут по своим правилам исключительной любви и преданности, не чета нам, людям, к сожалению.

Жизнь – странная штука, а люди ещё страннее, в особенности мужчины! Да, да – мужчины. В скромной жизни любой дамы их всегда более, чем достаточно. Так заведено и у мужчин – любой из них хочет хотя бы раз оказаться в цветнике из женских сердец. А дальше я промолчу.... Но и без них, дорогих и любимых Принцев, как говорит моя давняя знакомая, нам, Красавицам, никуда! Без нашей разности с мужчинами было бы скучно! Без лестного обаяния Дам и достойного рыцарства победоносных и венценосных Мужчин.

Однообразие и рутина – злейший враг человечества. Что же делать? Выпускать наружу чудовище скуки или учиться контролировать и подчинять себе все ненужные эмоции, оставляя рутину за гранью отношений? Где начинается правда и заканчивается ложь? Иногда этого не знаем ни мы, ни тот, кто с нами находится. Факт не завуалированной правды касается обоих полов. Мужчины умеют и любить, и предавать свои клятвы. Женщины делают это не хуже. Мужчины обещают достать Луну, а женщины кивают в ответ, делая вид, что верят в то, что это возможно. Однако, Луна до сих пор находится на своём законном месте! Мы добровольно обучаемся искусству лжи, иногда даже не подозревая об этом. Никто не любит и не желает быть обманутым, за то придумать или приукрасить самому одну-другую историю позволительно! Напортачив в любовных треугольниках, мы все утопаем в самовольствах, при этом оставляя шанс своим надеждам ожидать лучшего от других. Результат оказывается на лицо. Чем меньше веришь мужчинам, тем больше обращаешь их оружие против них же самих! Тем больше растёт твоя популярность и авторитет.

Конкретнее выражается моя подруга на эту щепетильную тему: «Корми его тем, что самым сам на ужин принес, не стирая каблуков в суете и беготне! Таким образом и волки сыты, и овцы целы!»

Я снова рассмеялась, но аккуратно, чтоб встречные не подумали, что у девушки с собакой началось бешенство. Ха-ха-ха! Ну вот, сама себя насмешила, сама же посмеиваюсь...

Другая моя подруга, опытнейшая хозяйка домашнего очага, всегда повторяет любимую фразу: «Мое – это мое, а его – наше общее», – зафиксировав таким образом, кто хозяин на домашней территории. Надеюсь, ответ очевиден, женскую логику ещё никто не обыграл!

«Да-а-а!» – протяжно сказала я шёпотом, и моя собака странно покосилась на меня своими янтарными глазенками. Пес давно заметил, что я разговариваю сама с собой, думая вслух.

Мои мысли как притягивают внимание четвероного друга, так и настораживают, хоть Драко и устал уже разбирать, о чем я там бормочу. Вот и сейчас, наверное, пес думает: «Опять у хозяйки разговорный припадок случился!»

«Мужчины добра и жертв со стороны женщин не понимают», – так утверждает ещё одна близкая подруга, и я с ней полностью солидарна. Женщина проигрывает перед мужчиной в том случае, если забывает о себе и, обвив лаврами воодушевления голову своего любимого, ставит его на Свой законный пьедестал.

Мужчины становятся в такой ситуации неблагодарны лишь по одной причине. Они же любят всего добиваться сами! Даже если не умеют это делать и нуждаются в женской помощи. Такой уж у них львиный характер!

Женщина, вклинившаяся между мужской природой и её собственным желанием помочь, останется крайней, после всего что сотворила. А вот с мужской точки зрения – не сотворила, а натворила! В любом случае, если не сегодня, то завтра мужское Эго вылезет наружу и укусит свою спутницу побольнее, уже за её мягкотелость и открытость.

Мужчины не прощают своих слабостей помогающим женщинам. За то обратная система помощи работает великолепно! Слабой и нуждающейся Даме Мужчина придёт на помощь всегда! Ну или почти всегда. В этом клубке норм, всё зависти от вознаграждения за мужской героизм. Тут уж действительно надо рассыпаться в признаниях, что он единственный на планете и самый-самый!

Как говорит моя мудрая мама: «Не забывайте хвалить мужчин, они всегда нуждаются в ласке».

Где у женщины лицо – у мужчины изнанка, и наоборот. Всё зависит от внутреннего или внешнего взгляда на ситуацию. Одним словом, мы разные и, в тоже время, очень похожие. Всё, сделанное для мужчины женщиной, обесценивается, за исключением того, что сделал он сам. Феномен обратной стороны медали всегда в моде и в прогрессе.

В общем так, чтобы понять насколько горяч огонь, надо обжечься, иначе нельзя. Ведь физику тоже мужчины придумали.

Мужчина, делающий всё и даже больше для тебя, становится преданным и верным. Однако голову от такого жеста тоже терять не надо. Мужчины по своей натуре – искатели недостающих энергий. А мы, женщины, – носители этого энергетического дара. Мы, женщины, вознаграждаем мужчин, но за определённые действия и своеобразные качества. Здесь входит закон «Дал-Получил» в действие. На ум приходит воспитание моего песика Драко: «Заслужил – вот тебе и премия! Не заслужил – старайся!»

Наконец-то четвероногий дружок услышал знакомое имя и радостно вильнул хвостиком. Тридцатиминутная разминка косточек в утренней пробежке в самом разгаре, и я сливаюсь с природой воедино, наслаждаясь окрестными пейзажами. Пересиливая себя и стараюсь «футтинговать», избавляясь тем самым от банальной лени. Да-да, именно так! Ведь чем больше энергии затрачиваешь, тем большее количество ее поступает новой и свежей. Помогает и очень! Проверено на себе, и не раз!

Пробежка по улице совсем бесплатна. Спортзал – тоже хорошо, но там происходит встреча с людьми. Бегая по улицам, у меня происходит встреча с самой собой. В любом случае спорт – это вздох души.

Как говорили в старину: «Под лежачий камень вода не течёт». Так что пятой точке нужна встряска, потому что туда смотрят и любопытные взгляды мужчин! С этим любая Дама согласится!

Моя беговая дорожка пролегает у моря, прямо как в песне. Точно-точно, это и есть песнь жизни, у которой разнообразный пейзаж! Где бы вы не находились, услышите именно Вашу мелодию.

Ну вот! Ха-ха-ха... Засмотрелась на перекатывающиеся волны, бегущие к золотому пляжу и оказалась в другом мире! Чисто по-женски отношусь даже к мыслям.

О чём это я так усердно думала? Конечно же! Лабиринт мужских и женских мистерий. Верность и неверие во взаимной среде обитания...

Да, так и есть. Похвала – это изученное средство поощрения, хотя и сдержанность в похвале необходима. Вот и весь непонятный на первый взгляд язык общения, за то эффективный и проверенный. Хотя со стороны все равно выглядит, как подстерегающая паутина! А вот кто в ней паук, а кто муха, решать нам самим!

Что такое верность и преданность? В чём они измеряются? Моё кредо – это свобода моего духа и моих желаний! Верю-не верю, просто детский лепет. Главные чувства, которые нельзя обмануть. Таким качеством обладаем мы все. А вот используем ли это сокровище?

Казалось бы, странно, но всё отношение к мужчинам создали сами мужчины. А всё отношение со стороны мужчин допустили женщины. Чем больше женщина старается быть верной и преданной, тем меньше это нужно мужчине.

Другая подруга поддержала это начало, добавив: «Чем больше я болела за судьбы моих избранников, тем меньше мы понимали друг друга».

В моей голове заголосили все подруги разом: «Обвинения в сторону женщины всегда найдутся, даже на пустом месте!!!»

Я вам скажу, положив руку на сердце: «Мы, женщины, тоже любим преувеличить и раздуть слона из мухи! Делая крайним кого? Своего благоверного!»

Я множество раз ловила себя на этой мысли, но признаваться в ошибке очень неохота. Женщины – как кошки, всегда на лапы приземляются, с легкостью выкручиваясь из сложных ситуаций. У мужчин это практически не выходит, они неповоротливее нас. Мужчина всегда проиграет перед женской интуицией. Шестое чувство или третий глаз у женщин всегда настроен вместе с локаторами дальнего действия. Не говоря уже о сарафанном радио – верном способе узнать всё и ничего! Ха-ха-ха! Кто знает, тот поймёт о чём я. Вот поэтому бегу и анализирую, гадая, как на ромашке, выйдет подруга замуж или всё же блеффф?

Тут мне вспомнился случай, рассказанный давней знакомой. Жених ей сказал: «Умеешь гулять – гуляй, но если узнаю....»

«Ну я и гуляла, становясь со временем все виртуознее», – честно призналась она.

Факт остается фактом. Один партнёр предлагает другому своеобразную любовь опираясь на собственный опыт и желание. Хотя одновременно ожидает плотской верности, указывая в то же время на вход и выход без нужды.

Я считаю так, не предлагайте того, о чём сами пожалеете и не пользуйтесь предложением, с которым не согласны!

С мужчинами нужно играть, потому что они устают быть серьёзными на работе. Каждый мужчина в душе – мальчик-подросток или любознательный ребёнок. Так что наслаждайтесь этой романтикой! Женщины, будьте сказочными нимфами, русалками и феями! Пейте триумф законной роли, уготованной для вас судьбой! Будьте как Матахари или Богиня Древнего Египта Исида! Будьте той, кем вам тоже хочется быть. Станьте сказочной принцессой, войдя в неземной образ! Мужчины увидят и заметят это на уровне подсознания. Мужчины в особенности имеют тягу и настрой к счастливым моментам.

Женщины, не убивайте мужчин рутиной дней и комплексами века. Мужчины не знают, что это такое, в их мире всё намного проще.

Не зря говорят, что женщина шея, а мужчина голова. Не надо лишать своих спутников достойной шеи и направления их взора.

Став верной спутницей для мужчины, не забывайте меняться и перевоплощаться. Судьба встаёт с ног на голову, ну и пусть, кувыркайтесь вместе с ней!

Помню случай из жизни соседки. Однажды муж укорил эту симпатичную и грациозную женщину в измене. Устроил скандал из-за электрика у них дома в его отсутствие.

Когда она поделилась со мной этой историей, я не знала плакать или смеяться? Плакать мне хотелось из-за того, что моя элегантная соседка птица – высокого полёта! А упрёк был слишком низок и недостоин её. Ну а смеяться – из-за мужской глупости! Неужели женщина, как она, станет вешаться на первого встречного? Это говорило не только о ревности со стороны мужчины, а и о том, что он собственную жену совсем не знает. Ну позвольте, если он на работе, то кто должен заниматься проводками, женщина? Только потому, что она одна дома, да ещё и под подозрением? Прискорбно, но так бывает часто. Опыт не обманешь, чем порядочнее и красивее Дама, тем больше порочных мифов слагают о ней.

Обычно мужские обвинения беспочвенны, наверное, чтобы обиднее стало, когда у самого рыльце в пушку.

Если дама захочет изменить, она сделает это деликатно и обоснованно. Мужчины привыкли изменять вероломно и тупо.

Жизненные попытки найти единственного и неповторимого заканчиваются и триумфами, и провалами. На самом интересном месте мужчина показывает своё истинное лицо.

Женщина совершает ошибку, стирая по просьбе любимого номера всех друзей-мужчин. Можно верить в светлое будущее и фантазировать, но тыл должен быть всегда.

Если женщина пошла на поводу мужчины, значит подрыв её веры в себя уже произошёл. Позволив закинуть удочку в прошлое и выудить оттуда обвинения и упрёки, женщина обрекает себя на последующие скандалы по поводу и без повода. В Личное дело прошлого, да и настоящего слабонервных мужчин лучше не допускать!

Добившись женщину, мужчина позволяет себе думать, что взял верх! Но тут-то он сильно ошибается!

Ведь женщина, как ветер, иногда смиренна, а затем порывиста и неугомонна! Женщина необходима мужчинам, как воздух, который нельзя сломать или поймать. Воздух можно только накалить или переохладить. Либо просто наслаждаться тёплым бризом в неуловимых объятиях реальности и сна. Всё так, как бывает в женско-мужском союзе.

Женские многоколотые и переклеенные сердца всегда останутся целыми. Как верный указатель самому себе, сердце всегда ищет любовь, теплоту и понимание!

Ну вот вроде побегала! Перетёрла все мысли, засевшие в моей голове. Спорт с пользой всегда даёт эффективное откровение для самого себя. Открываются чакры, испарятся вчерашний коктейль. Появляется лёгкость и желание жить дальше.

У моей собаки язык на плече, но не от бега, а от жары. А мне – хоть бы что! Ха-ха-ха!

Моё сырце продолжает искать эмоций и празднества. Свободный дух нельзя заточить, для него не существует границ или стен.

Любите себя, дорогие женщины, и любимы будите исключительно достойными вас!

На мужчин нельзя выливать весь поток чувств. Энергия женской силы так велика, что растворяет полноценного мужчину в ней без остатка. Потоки ласки и внимания нужно учиться распределять равномерно. И тут происходит магия. Вуаля! Вас возносят и носят на руках! Вам пытаются угодить, но главное, чтобы корона жать не начала.

Считайте себя единственной и неповторимой, не забывая чувствовать почву под ногами. Дарите бескрайнее наслаждение и получайте взамен от жизни Все. Ведь жизнь одна, а делите вы её постоянно с кем-то. Выбирайте и дайте возможность выбора другим! Как любит говорить одна моя лучшая подруга: «Моё всегда будет моим!»

Цените моменты, они проходят, оставляя след воспоминаний. Или надежду на прекрасное завтра с единственным и непревзойдённым мужчиной вашего сердца.

Ритуал вечного счастья может свершиться всегда и везде. Увидьте и услышьте себя и того, кто рядом с вами!

2020 г.

МАРИЯ КЕВАЕВА

Родилась в 1990 году в Самаре. Окончила Международный институт рынка по специальности «Магистр лингвистики». Преподаватель английского языка, переводчик. Место работы – онлайн-школа ALIBRA SCHOOL. Трижды финалист конкурса «Открытая Евразия» в 2016, 2018 и 2019 годах, заняла первое место в категории «Литературный перевод» в 2019 году. Лауреат конкурсов «Мир писателя в переводах» в 2011 году и Международного конкурса молодых переводчиков в 2012 году.

ЗВЕЗДНЫЙ МАЛЬЧИК

Двери электрички распахнулись. Большие, светлые, и внутри чисто – не то, что их поезда, грязные, насквозь пропахшие жареным луком и колбасой. Здесь и прикоснуться было страшно, настолько сверкали начищенные до блеска металлические ручки.

Вроде зашли со Славиком вдвоем, а внутри оказалась она одна.

– Славик, сынок, где ты? – перепугалась женщина, бросаясь к выходу. Но стеклянные двери уже закрылись, и поезд тронулся, без единого толчка, плавно, словно по маслу ехали, а не по старенькой узкоколейке.

У кого же спросить? До водителя не докричишься, и проводника в вагоне не видать. Да и без билета она. Сейчас высадят, а Славик тут останется. Он же маленький, что мальчик-с-пальчик. Долго ли ему спрятаться?

Чудом увидала его в одном из купе. Спит ее малыш. И когда только успел туда забраться? Личико разрумянилось, кулачок к щечке прижал – ни дать, ни взять, ангелочек, что на открытках рисуют. А простыни белые-белые. Наверное, дорогие. Хватит ли у нее денег, чтобы им со Славиком до дома доехать?

С этой мыслью и проснулась. Глянула на кроватку, а он спит себе крепко, и ручку как во сне держит. Спокойный такой. Отчего же у нее с каждым днем все тоскливей и тревожней на душе становится?

С виду и не скажешь, ребенок и ребенок. А как подойдет да начнет говорить – люди диву даются. Всем кланяется, без конца крестится, ровно блаженный какой. Что ни спроси – на все у него ответ есть. Да такой, что многих знакомых пот прошибает, так как знал мальчик про них буквально все: и кто где живет, и кто о чем думает, и даже о той злополучной потертой десятке, что у прилавка нашел и себе в карман тихонько спрятал, авось не заметит никто. А Славик возьми и расскажи, ясновидец их младшенький. Отрок, как его батюшка прозвал.

Снова она задумалась, даже вязание свое опустила. Если бы не скрип, так бы до вечера и просидела. Снова сынок балуется.

– Перестань, Славик. Что у тебя там?

Сынок оборачивается. Глазки синие-синие. Тут и васильки, и даль небесная. «Индиго ты наш», сказал на днях сосед, единственный в их доме человек начитанный, грамотный.

– Это не я, мамочка. Это бесы мне в окошко лезут, уроки делать мешают.

Мельком успевает она заметить за занавеской длинный зеленый коготь. Снова явились. «И чего им от ребенка надобно?» – с досадой думает она, привычно берясь за молитвенник, где уже давно лежала красная атласная закладка на молитве Кресту Животворящему.

– Что это ты рисуешь, сынок?

– Это, – с готовностью принимается рассказывать мальчик, – нервная система динозавра. До чего же они большие, мамочка! Ну прямо с наш дом ростом, а то и выше!

– И где ты их видел? Они же все повымерли давно.

– Так под землей они живут. Там им хорошо, тепло, и травка зеленая.

В памяти всплывают полузабытые книжки. Что-то она читала, давно, когда еще с подружками в школу бегала. Тоже была книжка про них, динозавров-то. Называлась еще чудно, не по-нашему.

– Как же они там живут? Не жарко им?

– А где земля кончается, прохладно всегда.

– Так ведь земля круглая, сынок. Где же ей закончиться?

Круглыми становятся глаза сына. Смеется. И так всегда. В школу пошел – грустный пришел, разочарованный. Неправильно учат, сказал. И принялся сам такое рассказывать, заслушаешься.

– Это ничего. Вам же не видно. Вот если бы вы с солнца посмотрели, увидели бы, какая земля на самом деле.

А сам потихоньку то и дело на небо посматривает. Да не на луну, а на Млечный путь. Тоскливо так, словно по дому соскучился.

– Кто же ты есть, Славочка? – не выдержав, как-то спросила она. – Откуда пришел?

Известно откуда, Божий ангел. А такие дети, чуяло сердце, долго не живут. Тяжко им, на земле нашей грешной, душно. Так и Славик ушел.

«Почему не радуешься, сынок?» – вспомнилось ей, когда стали бросать на маленький гробик цветы. Розы. Совсем как та, большая, красная, что им соседка в подарок принесла. А сынок посмотрел на нее так грустно, и говорит: «Мне цветочек сказал, что мог бы еще пожить, если бы его не срезали!»

Что ж ты сам не пожил подольше, цветочек ты наш? Отчего так рано ушел?

А дома ждала ее еще одна новость: пропал дневник Славика. Все те записи, чертежи, что он так старательно вырисовывал. Еще куда-то подевался ее белый шарф, в котором она в церковь ходила. И большая венчальная свеча, про которую из посторонних никто и знать не мог, да и красть ее было незачем.

Как-то книжка на глаза попалась. Стоит маленький мальчик, один совсем, на своей планете. Только шарф на ветру развевается. И роза растет рядышком, аж слезы на глаза навернулись. И слова его вспомнились, Славика: «Мы с тобой, мамочка, заживем хорошо. В лесу, и будет у нас с тобой много-много птиц вокруг!»

Вот только когда же это будет?

НАТАЛЬЯ КОНСТАНТИНОВА

Родилась в Минске 16 июля 1972 года. Рано приобщилась к чтению, и это стало любимым занятием. Ее всегда тянуло ко всему необычному, любила что-то придумывать, создавать. Во втором классе убегала из дома, чтобы искать фей. Став немного старше, с товарищами по играм создавала свое государство; «шайку» (называла себя «атаман Голубой Дьявол»), команду по поиску инопланетян; группу слежки за потенциальными преступниками. Плюс к тому часто выступала на школьных концертах, играя на фортепиано. В десять лет прочитала «Вечера на хуторе близ Диканьки» Гоголя. Книга так ее впечатлила, что через год сама написала, «роман» в полуобщей тетради (24 листа), озаглавленный «Вечера под тополями близ села Пасынки». Логично, что в качестве профессии выбрала журналистику. Дважды получала премии на республиканских профессиональных конкурсах. Постепенно всерьез занялась литературной деятельностью.

ПО ТУ СТОРОНУ ВСЕГО

«Девочка, хочешь десять рублей? Тут недалеко, в пещере», – сказал корявый грузин, когда Ия в сарафане выщелкивала семечки из подсолнуха.

Они должны были встретиться возле клена. Ия стояла и общипывала листок под открытым школьным окном. На подоконнике сидела девочка в джинсах, еще две примостились на столе. В центре его, с видом довольного достоинства, помещался Он. Между Ним и девочками были разложены карты, и все вглядывались в судьбу под тусклым светом продолговатой лампы на потолке возле доски.

– Что вы здесь развратом занимаетесь? Закройте окно! – ворвался в класс вахтер в темном халате.

Ия поежилась и обнаружила, что стемнело и наступила зима. Стадион возле школы превратился в огромный каток, и Ия побрела по нему, падая и вставая. Стадион становился все больше, все необъятнее, расширяясь и удлиняясь. Огоньки гастронома по ту сторону стадиона становились все дальше. В гастрономе было уютно и тепло, ходили какие-то люди и продавалось много видов мороженого. Ия лизнула лед. Нет, конечно, мороженое хорошо есть в мягком кресле, залезая туда с ногами. Но огни гастронома становились все дальше. Школьное окно позади стадиона давно захлопнулось, и удаляющийся гастроном оставался единственной надеждой.

Ия подняла голову. Над ней нависала огромная черная труба, раздувшаяся посередине, словно мешок. На мешке появились желтые глаза, открылся рот. «У-у-у!» – завыла труба, и завывание ударялось о лед, поднималось над холмиками, падало и снова отскакивало. Ия лежала, распластанная, на льду. Школьное окно давно закрылось, а огни гастронома уже почти не были видны.

***

Ия – воплощение одиночества на всех уровнях: физическом, душевном и умственном. Вокруг нее нет близких людей, в душе – никакого согревающего чувства, а в уме – ни одной мысли, дающей надежду. Она готова идти за чудовищем, продав себя за мизерную цену, лишь бы хоть кто-то был рядом. А то, что этот «кто-то» – чудовище, видно из определения «корявый грузин». «Корявый» – о людях не говорят, это слово напоминает корягу; то есть подошедший к Ие – получеловек-полудерево. И пещера, в которую он зовет, – очевидно, какое-то заколдованное царство вроде пещеры троллей из «Пер Гюнта».

Скорее всего, монстр пришел, чтобы утащить за собой одинокую, отъединенную душу. Но душа еще недостаточно загрязнена; поэтому путь в пещеру-ад пролегает через пустыню кошмаров. Либо душа от них окончательно изнеможет, и тогда ее заберет-таки посланец темных сил, либо, если душа соберет остатки воли и сможет им противостоять, для нее откроется «дорога к свету».

В сцене ожидания Ией монстра становится ясна причина ее одиночества. Ия стоит под открытым школьным окном – под окном в мир, в котором идет реальная жизнь. Но она – сбоку жизни, до нее доносятся лишь отголоски. Она не может присоединиться к жизни – возможно, потому, что не хочет? А почему не хочет – можно понять по картине реальной жизни, разворачивающейся за школьным окном. «Он» – олицетворение мужского пола вообще – привычно и лениво занимает центральное положение, женский пол «примостился» где-то с краешку. Никто не предпринимает никаких действий, только «вглядываются в судьбу при тусклом свете» – отдаются течению тусклой, унылой жизни. В любой момент они могут подвергнуться произволу со стороны грубой силы, воплощенной в образе вахтера в темном халате. Обвинив присутствующих в том, чего они не совершали, вахтер приказывает закрыть окно, через которое в тусклую жизнь поступал свежий воздух.

Такая жизнь чужда Ие, и Ия чужда ей.

Но, возможно, именно Ия могла принести в этот мир искру огня со свежего воздуха?.. Поскольку она медлит, окно перед ней захлопнулось. Вокруг стемнело, все покрылось льдом – замерла душевная жизнь Ии, не находя выхода вовне.

Чтобы снова получить возможность встречи с людьми, Ия должна преодолеть огромную ледяную пустыню, наполненную кошмарами. Вариант жизни, к которому она теперь стремится, уже иной, на первый взгляд более радостный. Это – жизнь как гастроном: совокупность различных благ, которые можно приобрести за деньги; как набор удовольствий, которые можно получить, приложив усилия, – честным трудом либо хитростью. Но, представляя себя в такой жизни, она опять-таки воспринимает окружающих как «каких-то» – биологических особей, чье присутствие избавляет от физического одиночества, но – не различая их лиц. Она бредет от одного чуждого мира к другому, только более красочно оформленному. Возможно, поэтому идти так трудно. Цель не вызывает достаточно вдохновения, помогающего преодолевать трудности, но другой цели Ия не видит.

Питаясь ее унынием, ледяная пустыня все расширяется и расширяется. Самая пронзительная черта, показывающая одиночество Ии, – то, что она лизнула лед. Это единственный доступный ей теперь символ радостной жизни – прообраз того, как бы она лизала мороженое. Пронзителен контраст между уютным личным мирком, который она при этом вообразила, – мягким креслом – и темной ледяной пустыней, в которой она реально находится. И как злой дух, найдя человека пустым, «берет с собою семь других духов, злейших себя», так и здесь над опустошенной душой нависают кошмары. Ия остается лежать, внутренне раздавленная, распластанная на льду. Ее дальнейшая судьба неясна.

ГУЛЬНАР МАМБЕТСАДЫКОВА

Мамбетсадыкова Гульнар Эмильевна – творческий псевдоним Гульнар Эмиль, родилась в 1966 году 28 марта в селе Кочкор Кочкорского района Нарынской области Кыргызстана. Окончила школу с обучением на русском языке, поэтому пишет в основном на русском. По образованию физик. Но занималась продвижением кыргызской одежды. В 2002 году сделала серию авторских женских передач «Элечек» на канале Общественной Телерадиовещательной корпорации Кыргызской Республики. Пишет прозу и поэзию. Изданы два сборника: «Сомненья нету в том...» и «Стоимость любви». Опубликована в романе французского писателя Рене Канья. Является амбассадором Гильдии в Кыргызстане.

ОФИЦИАНТКА

Он пригласил меня в ресторан! Я готовилась целый день и результат налицо: в сногсшибательном наряде от кутюр, тщательно уложенной причёске, с лёгким шлейфом A la rose. Marie Antoinette. вплыла в роскошный зал ресторана. Встреченная галантным улыбчивым Пьером я почувствовала праздник в душе. Мы прошли к столику, и расселись в предвкушении изысканного и романтичного ужина. Полчаса ожидания официанта прошли в приятных беседах, и ровно в тот момент, когда наши голодные желудки начали свой заунывный дуэт, наконец, подошла она!

Причёской она соперничала с самой королевой Марией Антуанеттой. В сознание особенно впечатались её закрученные подобно усам Сальвадора Дали бакенбарды и стрелки на веках, надменно устремлённые вверх. Пухлые ярко алые губы с переходами нескольких оттенков от помидорного до лососевого, покрытые блеском – имели гипнотическое действие. Стандартная белая блузка на ней была красноречивей, чем её губы, так как груди грозились сорваться, оторвав пуговицу, и сбежать из заточения. И если бы не фартук, сумевший скрыть лишь половину выемки меж её двух «высших образований», кто знает, чем это грозило бы посетителям ресторана. Однако, я заметила, что часть мужчин в зале начали нервно поглощать еду, чтобы заказать ещё, а остальная часть просто потеряла аппетит. Смысл жизни теперь пересматривался...

Мой визави, однако, собравшись с мыслями, решил что-нибудь заказать, пока я просматривала меню:

– Можно мне воды и понижающее давление лекарство?

– Понижающее давление или температуру? – невозмутимо спросила официантка голосом медсестры. Я почувствовала себя сидящей не иначе, как в процедурной.

– И то, и другое... – промямлил Пьер.

– Что выбрали? – шмыгнув носом, спросила официантка Ализа, как было указано на бейджике.

– Сейчас, сейчас... – стала я судорожно смотреть меню, под её тяжелым взглядом.

Ализа надула жвачку в огромный шар, который лопнув накрыл ей нос и всё близлежащее пространство, чему она не придала особого значения. Она собрала жвачку руками и запихнув за помидорные губы, продолжила смачно жевать.

Мой друг ухватился руками за голову и с нетерпением ждал свою пилюлю. Он даже пробежался по всему меню, затем не выдержав боли в голове, попросил прощения и побежал в ближнюю аптеку.

Официантка молча повернулась ко мне спиной, и походкой от бедра ушла вдаль. Уважаемые читатели, я не хотела мучить вас долгими описаниями этой яркой особы, но прогуглив, не нашла ни одного фото, ничего подобного! Можете проверить. Тем более, я не смогла бы передать запах, с которым она вернулась к нашему столику. Вернувшийся с удачного похода в аптеку Пьер, невольно вдохнув аромат её навязчивых духов, покрылся на лице и шее красными пятнами, и пожаловался на волдыри под волосами. И действительно, его шевелюра начала медленно и верно подниматься вверх! Конечно, сколь бы я ни была талантлива, мне не описать этот запах! В моём горле запершило, и я попросила включить кондиционер. Чёрт с ним, со всеми простудами в мире! Этот запах был, как наваждение, страсть, а вернее – как изнасилование, и конечно перекрыл мой A la rose Marie Antoinette... Я сникла.

Пьер, извинившись побежал в аптеку за антиаллергическим препаратом. Желая как-то продвинуть наш ужин, я всё-таки заказала местную золотую форель для нас с Пьером и попросила воду с лимоном.

Ализа выпучила свои глаза, напоминающие глаза форели, и обмахивая их веером ресниц, возмущённо спросила:

– И всё?

Мелкая дрожь охватила мои колени от страха. Я втянула голову в шею, и скукожилась.

– Съедим форель, затем посмотрим... – писклявым голосом сорвался мой ответ.

Вернулся Пьер и сел, галантно склонив голову в знак сожаления, постарался восстановить свой врождённый аристократизм подправив осанку и улыбнувшись спросил:

– Вам здесь нравится?

– Без Вашего разрешения я осмелилась заказать форель. Вы не возражаете? Думаю, её скоро подадут...

Через двадцать минут нам действительно подали воду с корками лимона. Мы выпили всю воду, я съела корки, так как Пьер отметил, что у меня посинели губы.

Увидев проплывающую мимо Ализу, Пьер решил забыть свою благородную родословную, покраснев теперь уже не пятнами, а целиком, он затрясся сердито:

– Desole, Вы там рыбу ловите что ли? Она думает сегодня клевать?

– Сейчас спрошу. – отрезала, глядя на Пьера стеклянными глазами Ализа, и показала нам уходящую спину.

Замечу, стеклянный взгляд – не в смысле прозрачный, а точнее – застывший, непробиваемый. Здесь более подходило бы слово тонированные и бронированные глаза.

– Вы спросите у рыбы или у повара? – попытался шутить Пьер.

– У рыбака. – невозмутимо ответила, стрельнув штыками-ресницами Ализа.

Через час мы ели рыбу молча, голод не располагал к задушевным беседам. Запашок от рыбы по негласной договорённости мы игнорировали. Тем более, после парфюма Ализы, это была уже – не беда. Действительно, всё познаётся в сравнении... Мы не знали, сколько этой рыбе, но точно поняли, что рыбака давно уже не сыскать...

Пьер попросил счёт. Забирая его из рук Ализы прямо у носа, он постарался не задеть её когти с шеллаком своим выдающимся носом и даже извинялся за что-то. Официантка величественно приняв извинения, надменно смотрела на нас сверху вниз. Она была настолько яркой, что затмевала всё вокруг. У нас подкрадывались сомнения: имеем ли мы право на существование – посетители ресторана?

Мой милый друг весь обмяк. Отдав сумму, проронил:

– Сдачи не надо...

Он будто выжатый лимон, вяло протянул мне руку:

– Уйдём отсюда? Сходим в столовую? Там самообслуживание!

22.05.2020

МАРСЕЛЬ САЛИМОВ

Видный российский и башкирский писатель-сатирик, поэт, публицист, общественный деятель, заслуженный работник культуры Российской Федерации и Башкирской ССР, кавалер ордена Дружбы. В течение тридцати лет работал главным редактором башкирского сатирического журнала «Хэнэк» («Вилы»). Автор сорока пяти книг на русском, английском, башкирском, болгарском, татарском, чувашском языках. Его произведения переведены почти на пятьдесят языков мира. Лауреат международных литературных премий имени Сергея Михалкова, Владимира Гиляровского, Владимира Набокова (Россия), «Алеко» (Болгария), имени Николая Гоголя (Украина), имени Эрнеста Хемингуэя (Канада), имени Джека Лондона (США). Лауреат Евразийской международной премии с вручением Золотой медали. Многократный победитель международных творческих конкурсов и фестивалей. Обладатель почётных званий «Золотое перо России» и «Золотое перо Руси».

ПОМЕРЕТЬ НЕКОГДА

Юмористический рассказ

Заболел я как-то. Положили в больницу.

Вообще-то я никогда не болел, удивлялся, как это некоторые люди даже из-за насморка на больничный выходят. А тут так скрутило, что пришлось в больницу лечь.

Больница – конечно, не санаторий. Скучно целый день без дела лежать, особенно если не навещают. Меня, слава богу, навещают, не забывают. На другой же день пришла бухгалтер Зиля. С большой сумкой через плечо.

– Без вас как без рук, – говорит она, выгружая из сумки целые кипы бумаги. – Просмотрите, пожалуйста, отчёты. А то ведь люди без премии останутся.

Это не дай бог, чтобы люди без премии остались.

Не успел как следует углубиться в отчёты, как пришла секретарша Сария.

– Сали Салиевич, вы же обещали мне с ипотекой помочь, – начала Сария. И вдруг, словно бы спохватившись, спросила: – А как ваше самочувствие?

– Плохо, – говорю, – самочувствие. Не знаю, выживу ли.

– То есть как это «выживу ли»? – забеспокоилась Сария. – Вы же сами обещали мне насчёт ипотеки. Неужели забыли?

Ну как можно такое забыть! Жилищный вопрос – это в нашей жизни наипервейшее дело. Делать нечего, остаток дня оформлял ей документы для ипотеки.

Только успел оформить документы, как пришёл свояк Ханиф.

– Ну ты тоже нашёл время болеть! – недовольно начал он. – Ты же меня просто без ножа режешь. Ты же меня ну прямо-таки...

– Подожди, – говорю, – объясни, в чём дело.

– Ты же обещал сына в институт устроить. Забыл, что ли?

Ну как можно такое забыть! Сыновья – они наше первейшее дело. Так сказать, наше будущее.

Делать нечего, хоть и тяжело это, пришлось созваниваться со знакомым профессором и как-то объяснить это деликатное дельце.

Слава богу, профессор вроде бы согласился, а то уж у меня давление подскочило от переживаний. Не успела медсестра сделать укол, чтобы сбить давление, как пришёл сосед Рамай.

– Эх, сосед, сосед, – начал он каким-то совсем уж убитым голосом и достал из кармана бутылку водки.

– Подожди, – говорю. – Объясни, в чём дело?

– Дело говоришь, – простонал сосед и схватился за сердце.

– Сердце, что ли, колет?

– Колет – это ещё полбеды. Горит!

– Инфаркт, значит.

– Инфаркт бы я пережил. Хуже. Жена от меня ушла.

– Как же так?! Вы вроде бы дружно жили.

– Притворялась... Давай выпьем с горя!

– Мне нельзя.

– А мне, думаешь, можно? Мне тем более нельзя.

Рамай выпил стакан водки.

– Закусить ничего нет?

Он начал шарить по тумбочкам в поисках закуски. Доел остатки каши с обеда и незаметно стащил у соседа по палате кусок колбасы.

– Три дня, понимаешь ли, не ел. Как жена ушла. Тебе-то хорошо здесь, – завистливо вздохнул Рамай. – Питание бесплатное. Никаких забот.

Неудобно мне как-то стало. Действительно, лежу я здесь, на бесплатном питании, без всяких забот и тревог, а у соседа, можете себе представить, жена ушла.

– Не переживай, пойдём! – говорю, – Вернём мы твою жену.

Зашли к главврачу.

– Извините, – говорю, – господин доктор, но я не могу в больнице лежать, когда столько людей нуждаются в моём участии и помощи.

Главврач встретил нас, надо сказать, чрезвычайно сурово. Сначала вообще не хотел выписывать, но потом всё-таки смягчился и говорит:

– Если умрёте, на себя пеняйте.

Я пообещал пенять на себя, если умру. И мы с соседом, пропустив для храбрости по рюмке водки, отправились искать его жену.

ВИКТОРИЯ СИНЮК

Синюк Виктория Александровна – прозаик, литературовед. Родилась и живёт в Минске. Окончила филологический факультет Белорусского государственного университета. Преподаватель русского языка и литературы. Проза и статьи печатались в российских, белорусских и зарубежных изданиях: «Наш современник», «Подъём», «Новая Немига литературная», «Нёман», «Новый журнал» и др. Автор двух книг рассказов. Член Союза писателей Беларуси.

МОЛИТВЕННЫЙ СВЕТ

Июль, дело к полуночи. Летнее небо уже черно, звёзды налились голубым космическим соком, как яблоки в нашем дворе – земным румянцем.

Лето перевалило за половину, выспело, напоило душу тёплым вином из садовых ягод. В бабушкиной спаленке кто-то включил настенный светильник – и во мне зажглась память...

При этом неярком свете бабушка ежевечерне читала старенький потрепанный «Молитвослов». Готовясь ко сну, она снимала свои очки для дали, надевала другие, для чтения, и открывала мягкую книжицу в бордовом переплете. Порой, устав за день, сразу, без своих молитв, она выключала свет и ложилась спать. Иногда ей долго не спалось, и тогда она звала меня: «Віканька, уключы мне свет – яшчэ трошкі пачытаю!» Я включала свет, приносила моей старушке кружку воды и тихо закрывала дверь.

О чём молилась она под этим ночным светом? О жизни вечной? И о ней, конечно. Но, зная её земное крепкое сердце, я думаю: больше, чем о жизни вечной, молилась моя старушка о завтрашнем дне, до мелочей

похожем на тот, что минул, но живом, здешнем. С широким солнечным небом за окном, с петушиными криками и голосами соседей во дворе... Земное бабушкино сердце было сильно привязано к жизни.

Помню, как в прошлом июле еще горел в её спальне этот вечерний «маленький» свет... А в моей комнате горел свет «большой», яркий. Под ним я до поздней ночи читала книги, писала свои рассказы и статьи – и делала это из того же крепкого жизнелюбия, с которым бабушка читала свои молитвы.

Тем летом в ясные ночи я часто выходила на улицу: поглядеть на Млечный Путь, всмотреться в звёздную даль, почувствовать, как велика и огромна перед ней жизнь на Земле... В такие ночи на нашей окраинной улице ни души. Редко проезжают машины. Звучит в темноте мерный стрёкот и разносится по всей округе лай беспокойных собак. В одну из таких ночей, наглядевшись на звёзды, я поднялась домой и стала укладываться спать. И сквозь первую дрему услышала, как за стеной, в своей спаленке, чему-то смеётся во сне бабушка – смеётся не старчески, а совсем по-девичьи, даже по-детски. Верно, приснилось моей старушке что-то легкое, озорное, «родное далекое»...

Идёт время. Дни и вечера, проведённые с бабушкой, становятся теперь моим «родным далеким». Когда-нибудь, под Млечным Путем, таким же юным и вечным, как в ту летнюю ночь, это «родное...» золотой сказкой моей молодости приснится и мне.

ЗАКОН СОХРАНЕНИЯ РАДОСТИ

Если ты любил и однажды нашёл для этого слово, любовь, пусть даже малой крупицей, корпускулой чуда, останется в тебе до конца. Если счастливой ночью слышал родное дыхание любимого человека, а потом родилась строка, тёплая, как воздух укромной спальни, – эта ночь останется с тобой на долгие годы.

Кристаллики букв, схватившие жизнь, – как сахар на ягодной плоти: все витамины не сохранишь, но многое можно сберечь, пронести с собой в лукошке заветностей через всё своё поле...

Зная за собой тягу к слову, покорствуя высокой воле и храня себе верность, душа (полутайно) выбирает такие тропки, где сможет найти нужный импульс, обрести дорогую «ягодку». Как ягодник в лесу радостно кланяется землянике, так и душа склоняется к крохотной завязи образа.

Вещество, которое потом перебродит в слово, заваривается в ней от встречи. Встреча может быть мимолётной, как свидание с ласточкой на летнем побережье, – или большой, судьбоносной.

Цвет кукурузного поля в октябре (белое золото, присыпанное пеплом). Птичий трепет озёрного камыша под вечерним солнцем. Жёлтые кроны берёз, склонённые над тёмной скирдой, стоящей у самого леса... Всё это встречи – и не только с землёй, но с внутренней тишиной, в которой, как рыба в речном омутке, таится, ожидая радости, слово. Вечером, осенью, под Покров, сидишь у окна любимого дома, читаешь, думаешь – а внутри уже раскладываются дровишки для будущего рассказа, хотя нет никакого сюжета и не горят в воображении характеры, а есть только уют осени, дома и памяти... Тоже – встреча.

А ещё – встреча со своим человеком, о котором знал только то, что он должен быть на свете. Это судьбоносная радость.

Мимолётные встречи напоят слово свежим лирическим воздухом. Судьбоносная – наложит на него обязательства перед чудом и, может, даст ему полный рост.

Чувствовать новую творческую завязь в душе – несказанно! Сердце и жизнь вновь сплелись в горячий узел и пульсируют сообща. Ты сладко болеешь мгновеньями, «температуришь» от музыки, расслышанной в шуме дней...

Люблю, когда в счастье, любви, грусти, в тихом созерцании земли, а порой и просто в тишине вдруг затеплится предчувствие слова. Это ещё не вдохновение, а только первое творческое волнение. До вдохновения завязь станет томиться внутри, обживаться, пригреваться к сердцу.

Томясь, станет напоминать о себе внезапными вспышками в сознании, смутным ощущением чего-то заветного рядом. Однажды остро захочется схватить заветное за хвост – и...

Конечно, слово не всегда удаётся таким, каким хотелось бы его видеть и слышать. Вот тут – перебор по сахару, а здесь – пересушено; тут – округлость не та, там – не та глубина; а это – по-детски лохматится, вскинуло кудрявый вихор... Бывает, и спросишь себя с досады: твоё ли дело – слово?

А жизнь, не слыша ни вопросов, ни ответов, катит к душе свои ягодки. Катит и катит, как прибой гальку... Слово придёт с новой встречей, с новым счастьем – нет у него, сказать по чести, почвы любимей и глубже, чем оно.

А то вдруг приедет на старом коне – да глубоко вспашет. Или глянет из камыша встревоженным лебедем. Пискнет ласточкой: «Жить хочу!» – и, что ни думай о нём, как о нём ни гадай, никуда от него, как от жизни, не денешься...

ФИРДАУСА ХАЗИПОВА

Хазипова Фирдауса Наилевна – член Союза журналистов Российской Федерации и Республики Башкортостан. Заслуженный работник печати и массовой информации Республики Башкортостан, награждена Почетной грамотой Администрации города Уфы. Кандидат в члены Интернационального Союза писателей. Автор шести книг. Публиковалась в журналах «Смена», «Бельские просторы», «Зеленый луч» (г. Астрахань), в московских альманахах «Российский колокол», «RussianBell», «Автограф», «Проза.ру», газете «Истоки». Лауреат и финалист литературных конкурсов им. В.Тредиаковского, О'Генри, «Открытая Евразия» (2018 и 2019 гг.), награждена Почетной грамотой Международной организации «Генералы мира – за мир» (2018 г.), Благодарственным письмом Государственной Думы Российской Федерации (2019 г.), Благодарственным письмом Интернационального Союза писателей (2020 г.). Дипломант Германского международного конкурса «Лучшая книга года» (2020 г.)

В ЧУЛАНЕ

Жили-были мыши в чулане треугольной формы. Почему-то он был такой. И, бегая по своим суетливым делам, мыши постоянно тыкались носами в углы – они были острые и больно ранили. Их казалось много. Куда ни побежишь, везде углы. Твари были недовольны. Они считали, что углы сужают пространство и ограничивают их свободу. Да тут еще некоторые мыши зудят в ушко: вас держат в тюрьме, вы можете свободно бегать, радоваться жизни, но эти углы держат вас в узде.

– Это недемократично, – шептали они, задрав от возбуждения хвосты. – Мы считаем необходимым парламент, республику, революцию, анархию – что угодно, только не треугольник, в котором ровные стены занимают богатые, а большинство мыкается по острым углам.

В один из дней негодование мышей достигло своего пика. Несколько особей звонко выдохнули залп из задних проходов. Это послужило сигналом: тучи мышей ринулись на стены треугольника и с громким криком «ура» сокрушили их.

Счастье ожидало их! Они оказались в квадратном чулане. Здесь были четыре ровные стены, которые быстро заняли вожди путча. Мыши-герои и пассивные участники разделились по четырем углам. Победа казалась безоговорочной – четыре угла давали иллюзию свободы и равенства. Да и углы были все же не такими острыми, как в треугольнике.

Занимаясь привычными делами, нет-нет да приходилось замечать эти четыре угла. Нет, со временем стали думать мыши, какая же это свобода и счастье, если углы есть и так и лезут в носы. Опять-таки кто занимает места у ровных стен? А ну-ка принюхаемся к ним. Конечно, стен больше, думали они, это надо признать. Значит, свободы больше. Но все-таки было бы лучше совсем без углов. Это высший принцип всеобщего равенства. Вы не находите?

Часть мышей, прячась по углам, вела подобные разговоры, и острое чувство негодования против несправедливости ранило их умы и сердца.

– Нас лишили всех завоеваний после пука, – волновались они. Их уши вставали торчком, глазки блестели, шерстка негодующе вздыбливалась. – Долой углы! – возбужденно попискивали они.

Они вызвали танк и поперли вперед. Жажда справедливости и равенства гнала их неудержимо. Разбомбив все углы, они оказались в чулане овальной формы. Здесь не было углов. Все стены были мягкими. Радостные мыши не верили своему счастью. Тыкаясь носами или бегая по комнате, они всюду натыкались на обитые мягким стены. И здесь не было ни одного угла!!!

... Сколько пройдет времени, прежде чем они поймут, где оказались?!

РЭП КАМЕНЩИКА

Строится новый дом. Или объект соцкультбыта – вокзал, здание МВД, поликлиника. Или промышленный объект – установка, операторная, водородная. Везде слышен рэп каменщика – без него не обойдется ни одна стройка. Это музыка – суровая, строгая с элементами кантри, попсы, бардовской песни или оперной арии. Музыка созидания.

Бригада приходит на вахту. Не завезли кирпич. Бригадир два дня матерится и пьет. Есть кирпич, нет цемента. Бригадир еще день пьет и матерится. На четвертый день все доставили, все есть. Бригадир ходит среди стройматериалов, мучительно вспоминая, что со всем этим делать. Появляется прораб. Понятным, общедоступным языком объясняет, что пора приняться за работу. Бригадир припоминает, что хмурые мужики, сидящие на кирпичной кладке, – это члены его бригады. Он экспрессивно излагает дальнейшие планы. Все дружно вспоминают, что они каменщики, навыки тут же к ним вернулись.

Руки потянулись к мастеркам. И пошла работа: шир – зачерпнули мастерком раствор, шмяк – швырнули на кладку, хоп – положили кирпич, поерзали им, чтоб ровнее встал, тук-тук – прижали получше, чирк-чирк – убрали выползший с двух сторон раствор. Шмякнули раствором рядом.

Так день пошел отстукивать время: шир – шмяк – хоп – тук-тук – чирк-чирк, шмяк.

Во всю силу эмоций бригадир дает сигнал к окончанию дневной вахты.

Утром на объект являются директор, главный инженер и прочие офисные руководители СУ (строительного управления треста). Голос директора звонко разносится по воздуху:

– За такую работу ... надо навешать... Вы что ... совсем? Со временем стена ... пойдет трещинами. Кто ... будет отвечать? По дефектной ведомости потом ...сами же .... будете брак ... бесплатно устранять. Кто штрафы ... будет платить?

Мужики слушают позывные родной души с почтительным уважением и сочувствием. На лицах появляется выражение участливого внимания, свойственное врачам, чаще психотерапевтам. Мы все понимаем, написано на их отзывчивых лицах. Ну где начальство может так душевно поговорить с людьми, с кем может так расслабиться? Сидит оно в кабинетах, разговаривает с заказчиками, поставщиками и вынуждено целыми днями сдерживать в себе самые ходовые, рвущиеся из глубины души слова.

И только здесь, с ними, начальники чувствуют себя свободными людьми и могут не стеснять себя в выражении самых доходчивых и настоящих слов и эмоций. На лицах рабочих проступает чувство гордости. Мы ж для них отдушина, лекарство, отдохновение души. Ведь от сдерживаемых настроений можно и инфаркт заполучить. Но мы, рабочие, не дадим пропасть начальству. Выслушаем, посочувствуем, почтительно ответим в том же духе. Но без хамства. Упаси бог. Начальники никогда нам не тыкают: «Ты – сукин сын!» Нет, со всем уважением обращаются: «Вы – сукины дети». На вы.

Оперативка закончилась, ... навешаны, задачи разъяснены, начальство отбывает на офисную каторгу. Прораб для острастки еще раз навешает бригадиру, тот даст пиндюлей в виде самых простых слов дальше.

И снова в хрустком зимнем или размягченном летнем воздухе над крышами домов звучит рэп каменщиков: шир – шмяк – хоп – тук-тук – чирк-чирк, шмяк...

ЛЕНАР ШАЕХ

Родился в 1982 году. Татарский поэт, детский писатель, переводчик, публицист. Автор более двадцати книг, изданных на татарском, русском, английском, башкирском и киргизском языках в Казани, Москве, Якутске, Лондоне, Уфе и Бишкеке. Кандидат филологических наук. Лауреат Республиканской премии имени Мусы Джалиля, литературной премии имени Абдуллы Алиша (за достижения в детской литературе), Евразийской международной премии. Заслуженный деятель искусств Республики Татарстан. Главный редактор Татарского книжного издательства. Член Союза писателей Татарстана, Татарского ПЕН-центра Международного ПЕН-клуба, Союза писателей России. Живет в городе Казани Республики Татарстан.

ДУША

Что-то странное стало твориться с душой моей. До того дня она была словно закована в лёд. И вот, как бабочка, внезапно прослышавшая среди зимы тепло солнечных лучей, вдруг зашевелилась. А вскоре уже, сбросив ледяную корку, затрепыхалась, взмахивая крылышками возле заснеженного окна, из которого в тёмную комнату проникал скупой мутный свет. Какое-то чудесное дыхание пробудило её ото сна, вздуло в ней искры пламени. Душа раньше срока спешила оживить дремавшие где-то прелестные весенние деньки, приблизить их.

Так что же случилось с душой? Не терпится ей пробить заледенелое стекло и вырваться на свободу... Но за окном адский холод, пробирающий до костей. Что со мной? Понять не могу. И кажется мне, что ответ на свой вопрос я найду лишь за окном. Там всё станет ясно...

Отыскав крохотную лазейку, душа вырвалась и метнулась в объятия морозной зимы. Она летела над землёй, летела и принесла-таки с собой весну, щедро раздала тепло всему миру, рассыпала, рассеяла его повсюду. А сама обернулась в шелест листвы зелёных деревьев, покрытых белыми цветами, в не молкнущий птичий звон, и растаяла среди ласковых лучей солнца, превратившись в весенний ветерок. Она стала душистым нарциссом, сладкозвучным соловьём, поющим вечную песню любви. Какое счастье! Ах, какая радость! Душа отдалась таинственной силе волшебных чувств...

Ну да, да, только всемогущая чистая любовь способна на такие чудеса, только она может принести с собой вечную весну! Только она одна...

СОН НАЯВУ

Проходя по коридору, я вдруг услышал какую-то редкой красоты и нежности мелодию. Что это? Откуда льётся это чудо? Из-за семи небесных куполов?.. Из иного, нездешнего мира?.. Душа моя была потрясена и требовала немедленно выяснить, откуда.

...Дверь была закрыта. Внутри кто-то играл на пианино. Душа моя таяла от наслаждения, сердце, затравленное равнодушием, замерло на время. По всему телу разлилось ощущение бесконечного счастья. Я не выдержал и, открыв дверь, ступил внутрь.

За пианино в углу комнаты сидела незнакомая девушка. Одежда на ней была столь белая, что глазам больно было смотреть. Её тонкие пальцы касались клавиш так нежно, что казалось, будто руки порхают над клавиатурой, и инструмент, ощущая тепло души незнакомки, её искреннее чувство, захмелело, поддавшись её чарам, и играет сам по себе, погрузившись в негу и удовольствие.

Девушка меня не видела. Она целиком была во власти музыки. И ничего другого ей, казалось, не было нужно – ни окружающего мира, ни шумной жизни. Она напоминала маленькую птицу, затерявшуюся между двумя мирами – мечтой и явью.

Я сидел и слушал... Мне было радостно. Казалось, волшебная сила наполняет сердце энергией, а потоки крови в жилах бегут, подчиняясь мелодии. Из головы исчезли все переживания, мне было легко и хорошо.

С весенним ветерком из окна в меня вливались светлые чувства счастья, радости, чистоты. Всё это и есть сила жизни. Ах, как хорошо! Я словно воспарил к белым облакам и тихо качаюсь на них. Так вот где оно – счастье-то! А мы всё недовольны и проводим жизнь в пустой суете. Оказывается, для счастья человеку надо совсем мало. Эх, так бы и исчез навеки в волнах божественной музыки!

...Я открыл глаза. За окном было темно, а в комнате горел свет. Девушки не было. А пианино не успокаивалось, в нём продолжали дрожать и гудеть струны. Может, мне всё только пригрезилось? То ли шум в ушах, то ли звучат струны моей собственной души? Да, счастье свило во мне гнездо, и теперь всё существо моё непрестанно слышит чудесную мелодию...

ДОСТАТОЧНО ОДНОЙ ПЕСНИ

Вчера я слышал: кто-то пел...
Г. Тукай

Половина двенадцатого ночи. Студенческое общежитие готовится ко сну. Только мы с другом спать не собираемся, сели конспектировать задание. Форточка была открыта.

На улице кто-то внезапно рванул меха гармони. Я вздрогнул от неожиданности. И полилась мелодия известной песни «Кубалягем» («Бабочка моя»)! Гармонист запел:

Если бабочка присядет,
Колыхнётся ли цветок?..

Звучала родная татарская песня. Было странно слышать её: я уже успел привыкнуть к тому, что в городе люди равнодушны к нашим песням. И в самом деле, кто бы мог подумать, что здесь, где чаще звучит русская речь, среди ночи запоют под гармонь татарскую песню?! Такого нет теперь даже в аулах...

...Под горою, под горою
Круглый стылый родничок...

Здорово! Хорошо-то как! От знакомой мелодии сердце полнится счастьем. На глаза наворачиваются невольные слёзы.

...Мотыльков на свете много,
Только смелых не видать...

Хотелось выбежать на улицу и посмотреть, кто поёт. Это же наша, родная, татарская песня! Перед взором возник аул, где давно уже не слышно гармони... Эх, жаль, что не умею играть на баяне, а то показал бы им! Сразу же проснулся бы наш утративший былую энергию аул!

Я подошёл к окну. Песня стихла.

И вдруг звонкий юный девичий голос прокричал на весь мир:

– Я люблю тебя!

Что это?.. Неужели ко мне вернулось прошлое?.. Времена перепутались что ли?.. Или волнения, чувства, запрятанные в глубине души, вдруг вырвались наружу?..

Да, такое случается. Чувства порой пробуждаются и трогают запылившиеся струны души, возвращая их к жизни. Оказалось, для этого достаточно одной татарской песни. Эх!..

Перевод с татарского Азалии Килеевой-Бадюгиной

Hume

www.ingramcontent.com/pod-product-compliance
Lightning Source LLC
Chambersburg PA
CBHW030335310726
48979CB00001B/41
9781913356200